「聖嶽」事件

報道被害と考古学論争

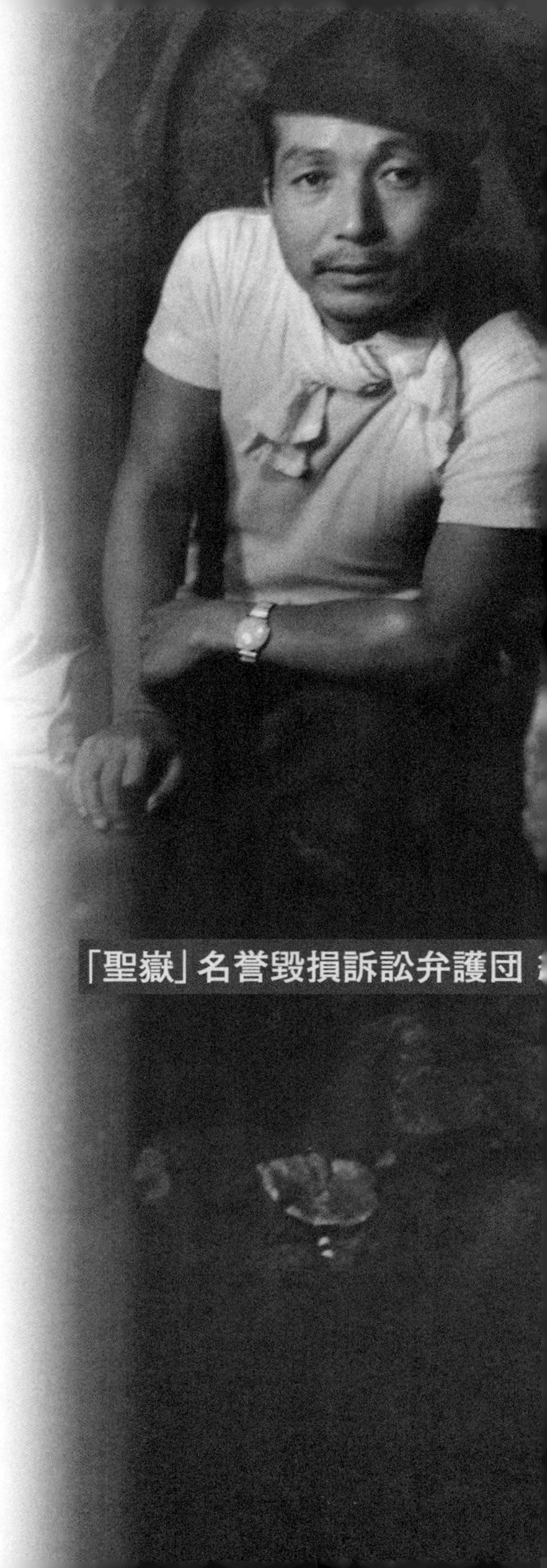

「聖嶽」名誉毀損訴訟弁護団

雄山閣

「聖嶽」事件　目次

第Ⅱ部　名誉回復への道のり

第Ⅲ部　勝訴まで

はじめに

二〇〇一年三月八日、別府大学名誉教授賀川光夫の次男賀川真は父と電話で話をした。その頃、一月より二回ほど、賀川名誉教授に対して株式会社文藝春秋（以下文芸春秋社、文春と表記）発行の週刊誌、『週刊文春』（以下週刊文春、文春と表記）が「聖嶽《ひじりだき》遺跡捏造疑惑」を報道していた。父によると三月八日発売の週刊文春によりひどい内容が掲載されている、とのことであった。真はその日は風邪を引き発熱しており、自宅で療養していたため、週刊文春は入手していない。「明日にでも手に入れてみるよ。ところで、大丈夫かい？」と話しかけた。「俺は大丈夫だ。心配するな」、これが真の聞いた父の最後の言葉である。

翌日、夜になって、依頼した友人が食事と週刊文春を購入して来た。早速、週刊文春に目を通した。読んだ直後の感想は「論旨が分かりにくく、何を言っているのかよくわからない文章だけど、とにかく口汚く罵っているな」といったものだった。

しばらくすると電話が鳴った。午後一一時を回ったところだった。電話は母からだった。弱々しい声で「…早く…帰ってきて。お父さんが亡くなった」「どういう事？」「…お父さんが二階で首を…タクシーでも何でも使って、すぐ帰ってきて…」「洋のところはお話中で…つながらないのよ…洋にもすぐ連絡して…」そう言って電話は切れた。

真は一瞬何がおこったのか正確に理解ができなかった。真は東京に住んでいる。この時間では大分にすぐに帰る方法はない。とりあえず、同じく東京に住む兄洋に電話をかけ、事態を話した。そして、真はすぐに洋の自宅に向かうことにした。

自宅を出ようとした瞬間、真は大分の実家に母が一人取り残されている状況が頭によぎり、反射的に自宅近所の家族ぐるみで懇意にしている方に電話をかけた。「真です。夜分申し訳ございません、父が亡くなったので、自宅に行ってもらえませんか？」「…え…」「どうやら二階で首を…」「えー」その声を残して電話は切れた。先方も動転したようだったが、すぐに行ってくれると確信した。この方は、すぐに家族全員で母の所に駆けつけてくれ、母を介抱してくれるとともに、その後、裁判も含め、陰に日向に、賀川家を支えてくれた。今でも、家族全体で母の良き相談相手になってくれている。

真は見舞いにきていた友人に後を託し、練馬の自宅を出て、タクシーで世田谷区の兄洋の自宅に向かった。当時長男の洋は長年ニューヨークで出版の仕事をしており、この頃その仕事を日本でも広げる為にそこに仮住まいをしていたのだ。もし、この仕事の流れがもう少し遅かったなら、洋はニューヨークにいたことになり、簡単には大分に戻れなかったであろう。洋の自宅に着くと、早速大分へ帰る方法を検討した。翌一〇日の飛行機は、東京、名古屋、大阪発共に満席であった。検討の結果、とりあえず本数の少ない名古屋は避け、大阪まで洋の義弟の車で向かい、朝一番でキャンセル待ちをすることとした。万が一飛行機に乗れない場合は大阪から新幹線で帰ることも検討した。

すぐに義弟が迎えにきて、大阪に向かった。

車中ではどのような会話がなされたか、洋も真もよく覚えていない。ただ、携帯電話のニュースサイトで既に「賀川名誉教授自殺」との記事が出ていることは確認した記憶がある。大阪空港で無事大分行きのキャンセル待ちに成功し、朝一番の便に乗れることになった。その旨自宅に連絡を入れ、空港のラウンジで休息していると、そこに常備している朝刊が目に入った。全ての新聞に「賀川名誉教授自殺」の記事が出ていた。各社とも締め切り間際だったにもかかわらず、新聞によっては社会面トップの扱いをしているところもあった。

大分空港に到着すると、親類が迎えにきていた。兄弟は急いで車に乗り込み、自宅に向かった。自宅は弔問者と報道陣でごった返していた。兄弟に殺到する報道陣に対して、洋は後ほど会見する旨伝えて自宅に入った。そこには父の遺体があった。周りには親類や別府大学関係者をはじめとする弔問者が取り囲み、あるものは怒りを噛み締め、またあるものは号泣していた。そして、奥には憔悴しきった母の姿があった。母は心労で寝込んでおり、そのそばに父の遺書があった。

「私の生涯全てを辱める悪質な讒言と報道に対して、父は死をもって抗議します　父は学問を「白石の如く」大切にしてきました。その学者の誇りがあるからです。」

そこから長い週刊文春との闘いが始まった。この本はその闘いの記録である。

第Ⅰ部　週刊文春による聖嶽報道

第一章　青天の霹靂（第一回目報道）

一　聖嶽遺跡調査と東北旧石器遺跡捏造事件との比較？

ことのおこりは、二〇〇一年一月一八日に発売された週刊文春月二五日号の記事だった。「第二の神の手」という大見出しで、週刊文春が掲載した記事をみたとき、当時別府大学名誉教授であった賀川光夫氏は愕然とする。そこには、四〇年も前に彼が手がけた大分県の聖嶽《ひじりだき》遺跡が、東北の遺跡捏造事件と同じような捏造遺跡であるかのように書かれていたのである。

週刊文春は、文芸春秋社が発行する週刊誌で、六三万部という販売部数を誇っている。発売日は通常毎週木曜日だが、大分を含む九州地方では二日遅れて一月二〇日土曜日の発売であった。

聖嶽遺跡は、大分県南海部郡本匠村《みなみあまべぐんほんじょうむら》（現佐伯市）にある遺跡で、以前より中世の人骨や古銭があることが地元本匠村教育委員会の担当者により確認されていた。その担当者からの依頼に基づき、一九六一年九月に賀川光夫・別府大学教授（当時）が予備調査を行い、旧石器と分類された石器を確認した。

それを受けて、翌一九六二年一〇月八幡一郎・東京教育大学教授（当時）、小片保・新潟大学教授（当時）などを加え、日本考古学協会として正式に発掘調査を行う。その結果、前年の予備調査に引き続き旧石器時代のものと思われる黒曜石製の石器が発見されたのである。その後、発掘最深部より人骨が発見されることになる。

この調査は当時としては、大規模な調査で、実測図はもとより、出土状況の写真撮影などを含め、緻密なデータが記録されていた。

その後、賀川教授により発掘速報が出されるとともに、発掘に直接参加していなかった鎌木義昌・倉敷考古館長（当時）や芹沢長介・東北大学助教授（当時）といった、旧石器研究の第一人者により石器は旧石器時代のものと確認された。

さらに、人骨は人類学の小片教授の鑑定で、旧石器時代の人骨として論文も書かれ、日本で初めて旧石器と人骨が共伴した事例として注目された。後に、この発見は当時全国で展開されていた洞穴遺跡調査の最終報告書である『日本の洞穴遺跡』（一九六七年、平凡社）に記載され、その結果、人骨は「聖嶽人」と呼ばれ高校教科書にも掲載されることになったのである。

この聖嶽の発掘調査が捏造ではなかったかと、週刊文春に報道されたのである。

この報道の二ヶ月ほど前、二〇〇〇年一一月に日本の考古学界を震撼させた旧石器時代遺跡の捏造事件が東北でスクープされた。

それは、在野の考古学研究者である藤村新一氏が、別のところで採取された縄文時代の石器を、ある発掘現場に持ち込み、誰も見ていないところでより古い時代の地層の中に埋め込み、自ら掘り出し、あるいは他人に掘り出させ、あたかも古い時代の地層から石器が発掘されたかのように装っていた遺跡捏造事件であった。

藤村氏による遺跡捏造の過程を通し、日本の旧石器時代は前期まで遡れると言われるようになり、年代的には、五万年程度前から七〇万年程度前まで大幅に遡るという説が有力となった。藤村氏が掘れば、石器が発見されるというので、藤村氏を「神の手」と呼び、誰もがその功績を讃えていたのである。

この東北での捏造事件は、毎日新聞社のスクープによって明らかになる。毎日新聞社は長期間にわたる調査をもとに、捏造現場の撮影に成功し、後に新聞協会賞を受賞する大スクープで、考古学関係者のみならず、全国に衝撃をあたえることになる。当然、新聞他紙のほか、テレビや雑誌というあらゆるメディアの報道で大きく取り上げられ、「神の手」という言葉は、全国で知らない人はいないほど広く知れ渡った。

週刊文春の記事は、この藤村事件をふまえ、聖嶽の発掘をとりあげた。そして、「第二の神の手」と大見出しを打ち、大分県の聖嶽遺跡が、その捏造事件の第二弾だ、といわんばかりの記事だったのである。

二　犯人探し

驚くことに、この文春記事（一月二五日号）は聖嶽遺跡の「捏造犯人」を事実上示していた。文春の見出しを見ると次のように書かれていた。

「考古学者たちが口にしたくてもできない」と中見出しを打ち、「『第二の神の手』が大分『聖嶽人』周辺にいる!?」と大見出しを打っている。

これでは、捏造犯人が大分周辺にいる、それは考古学者たちが口にできないような人物だ、と読める。

考古学者たちが口にできない人物、つまり学界で権威のある人物で、大分周辺にいる、となると、現実には賀川光夫別府大学名誉教授しかいない。何を根拠に文春は賀川名誉教授を捏造犯人というのであろうか。

一月二五日号の文春記事内容を見ると次のように書かれていた。

「誰が『捏造』をしたのか、を断定する根拠は何もない」と書きつつ、賀川名誉教授らのインタビュー記事を載せ、賀川氏の発言の引用という形で、「あるマスコミなどは、私を犯人扱いでした。大変、心外です。」と書いている。

断定する根拠は何もないといいつつ、賀川名誉教授自身の発言を引用するという形を取って、賀川氏自身が「捏造犯人」として疑われる存在であることを書いている。やはり、ここでも文春は賀川名誉教授を捏造犯人と考えていたのだと考えざるを得ない。また、この書き方は賀川氏の発言を引用しているという点で文春が後に「きちんと反論を聞きました」という言い訳にも使われることになる。

三　犯人であるはずがない

別府大学名誉教授の賀川光夫氏は、戦後、一貫して考古学の世界に身を置き、長年にわたり学究教育生活を送ってきた。一九九六年に別府大学を退職し、楽しみにしていた余生を過ごしていた矢先のことだった。

賀川名誉教授には、多くの教え子がいる。

別府大学の卒業生は各地の教育委員会において考古学関係の専門職として活躍している。賀川名誉教授は、考古学について、机上で議論を重ねるばかりでは駄目で、現場で発掘に当たることの重要性、現場で出土した遺物を中心に思考を積み重ねることの重要性を強調し、晩年になっても自ら発掘現場に足を運んで調査員とともに汗を流していた。

また、文化財保護にはなみなみならぬ情熱を注ぎ、文化財保護の中枢を担う行政専門職の育成に力を注いでいた。さらに、学問は大学のみで完結するべきものでないとの信念から、市民向けの公開講座や講演会、遺跡・文化財見学会など、多方面に活躍し、多くの市民や教え子に慕われた学者であった。

文春報道の直前におこった、八世紀前後の海部郡衙・評衙跡である、中安《なかやす》遺跡の道路建設による破壊に対して、遺跡保護を主張し、道路建設を優先する県に対し、広範な市民運動を行うなど、社会活動にも邁進していた。

その賀川名誉教授がなぜ、よりによって「捏造犯人」という、素顔とは対極にあるような汚名を着せられなくてはいけなかったのか。彼のことを知る者にとっては、実態を知らない人物が無責任なことを書いたとしか思えないような記事だった。

賀川名誉教授は、第一回目の文春報道が行われた直後に、春成秀爾・国立歴史民俗博物館考古研究部長に連絡を取ったようである。

春成氏は、一九九九年に行われた聖嶽遺跡の第二次調査に考古学専門家としてかかわっていた。

一九九九年の聖嶽遺跡の再調査は、文部省科学研究費特定領域研究「日本人及び日本文化の起源に関する学際的研究」という尾本恵市・東京大学名誉教授を総括責任者とするプロジェクト（通称、尾本プロジェクトと呼ばれている）の一環として、プロジェクトの考古学班の責任者である春成氏を中心に実施されたものであった。

賀川氏は、再調査が決まって、挨拶に来た春成氏らに対して、四〇年前の発掘では解明できなかったことが、現代の目で再調査することにより明らかになる可能性があると歓迎し、最大限協力すると応じ、再調査を支援している。

その結果、新たに数点の石器や、人骨、獣骨、木炭などが出土したが、残念ながら画期的な成果は得られなかった。特に、一九九九年の再調査で発掘された人骨自体は古い時代の数値を示さず、中世の人骨らしいと判明した。このことは、東北捏造事件発覚以前である二〇〇〇年八月に、既に報道され、広く行き渡っていたことである。ただ、この再調査では、一九六二年に出土した旧石器時代の人骨とされる頭骨を直接調査することはなかった。

賀川名誉教授としては、その春成氏の発言が文春報道で多く引用されていたので、聖嶽遺跡を「捏造」とみて、その「捏造犯人」が賀川名誉教授ではないかとの見方をする文春報道に対して、春成氏がどのように関わったのかを確認したかったのかもしれない。

春成氏によると、賀川名誉教授から抗議を受けたが、ただ、賀川氏自身が一九六二年の発掘直後の「洞穴遺跡調査会会報（前述の発掘直後の速報）」で指摘していたとおり、石器の発見状況には疑問があり、今後の検討に委ねられる部分が大きい、という点に、意見の一致が見られたそうである。

この「洞穴遺跡調査会会報」に既に記述されている通り、賀川名誉教授本人が当初から石器の形態や出土状況に疑問を持っていたのである。よって、賀川氏が「捏造犯人」であるはずがないのだ。ちなみにこの当初からの疑問は、発掘当時の旧石器研究レベルでは、解明できないものであり、他の類例資料の蓄積によって解明するべきことであるとしたもので、いわゆる「捏造」の可能性を示唆したものではない。

第二章 「捏造」の断定（第二回目報道）

一 シンポジウム

週刊文春の最初の記事が掲載された直後の、二〇〇一年一月二一日日曜日、東京都内で毎日新聞主宰のシンポジウムが開かれた。

テーマは「前期旧石器問題を考える」であった。

毎日新聞は、前年の東北捏造事件のスクープ報道をしたマスコミであり、シンポジウムの主たるテーマは、東北捏造事件を受けて、藤村氏の関与した各地の遺跡を検証することであった。

このシンポジウムでは、何人かの報告の後、質疑が行われ、従来の学界の定説とされている遺跡や遺物に対しても批判的な意見が出た。その中で、聖嶽遺跡における人骨への疑問も提起された。聖嶽遺跡出土の人骨は、従来は旧石器時代に遡る古いものと考えられてきたが、形態学的観察により考察すると、病気により厚くなった人骨と考えるべきではないか、近世の人骨でも類似のものがあるとの意見が出されたのである。

また、春成氏から、再調査の結果、聖嶽遺跡の旧石器時代の遺跡としての考古学的な評価については一部の石器が縄文時代のものである可能性もあるということから、更なる検討が必要であり、現状ではペンディングにする必要があるとの発言があった。

　これに対しては、尾本プロジェクトの代表者である尾本恵市・東京大学名誉教授が、人骨については、ＤＮＡ鑑定などを経た上で結論を出すべきとする、性急な結論を戒める意見を述べた。このシンポジウムで聖嶽の問題が話し合われたのはこのやり取りだけで、全体としては東北の話に終始したものだった。このシンポジウムが第二回目の文春報道につながるとは、文春関係者以外の誰が予想したであろうか。

二　捏造の断定

二〇〇一年一月二五日木曜日、週刊文春二月一日号が発売された。大分では一月二七日土曜日発売だった。これは、毎日新聞主宰のシンポジウムを受けての記事のようであった。

文春の見出しを見ると、中見出しでは、「小誌スクープを権威も追認」と記載し、大見出しで「大分『聖嶽人』はやはり捏造である」と打っていた。

　これを読むと、毎日新聞主宰のシンポジウムは、聖嶽遺跡のことを中心に議論され、学界の権威が聖嶽遺跡を「捏造」されたものと認定したかのように受け取れる。

　先述のように、実際にはシンポジウムでは、聖嶽遺跡が「捏造」か否かといった議論は全くされていないし、学界の権威が「捏造」と述べたわけでもない。単に旧石器時代の遺跡か否かについて疑問が示されただけである。ましてや、シンポジウムとして捏造と断定もしていない。

それが、なぜか文春の見出しでは、「小誌スクープを権威も追認」と記載し、「大分『聖嶽人』はやはり捏造である」と考古学界において「捏造」と断定されたかのような記事になっているのだ。

しかも、文春記事の内容を見ると、次のように書かれていた。「では、いったい誰がいつ『神の手』を駆使したのか」と記載した後に、賀川名誉教授らは、疑惑を全面否定したことを記載しつつ、「もちろん、彼らの仕業と断定する証拠はないし、発掘状態からいって、江戸時代の人間の可能性もあるのだが…」とまで記載している。

江戸時代の人間が石器を埋めたというのであれば、それは全く「捏造」とは言わない。これは、見出しで「捏造」と断定していることと矛盾する記述となる。「捏造」を前提に文春が書いているのだから、江戸時代なる記述は単なる揶揄の表現としか思われない。

記事では、「誰が…駆使したのか」と「捏造犯」を追及する表現を使用し、賀川名誉教授らの名前を挙げた上で、「彼らの仕業と断定する証拠はない」と書き、さらに江戸時代という揶揄を加えたあとに「が…」と書いている。「が」は逆接の接続助詞だ。逆接の接続助詞を使って、賀川名誉教授が「犯人」との証拠はない、しかし、「犯人」と十分に疑われる、という文章に構成されているわけだ。

こうした文春記事のレトリックは、普通の読み方をすれば、明らかに賀川名誉教授を「捏造犯人」と臭わせているよう読者を導いていることになる。

三　検討会の設置——学問的検証のルートに

賀川名誉教授は、一連の文春記事を読んで強く心を痛めた。真面目一筋にやってきた学究生活を全て無にするような記事が、二度にわたって全国誌に掲載されたことに激しい憤りを感じたのである。

二月二〇日火曜日の毎日新聞からの三時間にわたる取材インタビューに臨んで、彼は「(週刊誌報道で) 私は死んだんです」「私は殺されたんですよ」と語っていた。しかし、聖嶽遺跡の問題については、取材に誠実に対応していた。

文春の報道の後、自宅に「うそつき」などの嫌がらせの電話、脅迫電話が相次ぎ、眠れない日が続いた。知人に「夜、眠れないんですよ。悔しくて、悔しくて」と述べ、体重も、報道があって以降八キロも減少した。さらに教え子、友人、同僚、家族にまで多大な迷惑と心配を掛けていることについても、深く心を傷めていたのである。

そんな状況下、賀川名誉教授は、二回にわたる文春報道の誤りはどこから来るのか考察する。

学問の世界では、遺跡の疑問点などが議論されてもそれは当然であるし、その議論こそが学問を発展させてきた。その議論の過程で過去の学説が駆逐されても、それは学問の発展につながるということで好ましいことである。ところが、文春報道では、学問のルートで議論がなされるのではなく、マスコミの興味本位で、「捏造」などというスキャンダルじみた扱いをされている。学問の観点からであれば、春成氏とも冷静で学問的建設的な議論ができる。しかし、こうした興味本位のマスコミのルートに乗ってしまうと、学問的な議論とは無関係に報道内容が独走してしまう。

そこで、賀川名誉教授は、議論を学問のルートに戻し、聖嶽遺跡の問題を学問的に検討してもらうことが重要で、そのことにより最終的には興味本位の報道はなくなるであろうと考えた。また、そのことこそが、聖嶽遺跡の疑問に対して誠実に答えることであり、学問の発展に寄与することだと信じていた。

賀川名誉教授は、この考え方に基づき、第三者である他の九州の考古学専門家一七名に聖嶽遺跡出土の石器の検討を依頼するとともに、当時京都の国際日本文化研究センターに勤務していた尾本氏を研究室まで訪ね、尾本氏を通じて、新潟大学に保管されている一九六二年に出土した聖嶽人の頭骨の再鑑定を依頼した。

その結果、西南学院大学の高倉洋彰教授や、九州大学大学院の田中良之教授たちを中心に、別府大学で、聖嶽出土とされる石器の検討会を開き、実際に過去の調査で出土した石器を手に取りながら、冷静な討論が開始された。聖嶽人の頭骨については、残念ながら、新潟大学が再鑑定を承認せず、今に至っている。

四　抗議文

こうした学問的な検証作業とは別に、二〇〇一年二月六日、賀川名誉教授は週刊文春の編集部長宛に記事に対する抗議文を送った。この抗議文には取材の謝礼として送られてきた商品券も同封し、抗議の意思を明確にした。

「週刊文春」
編集部長殿

拝啓
先日、貴社「週刊文春」記者の取材を受け、不愉快な記事を二度（一月二五日号、二月一日号）にわたり掲載され、戦後五五年の長く真面目な学究生活と、楽しみにしていた余生をだいなしにされました。この辱めは忘れません。
記者の記事内容について、春成秀爾先生にお尋ねの上、確かなお答えを下さい。
資材《ママ》の「謝礼」はいささか見当違いですので御返しいたします。

敬具

二〇〇一年二月六日
賀川光夫

しかし、こうした抗議に対しても、文春から、賀川名誉教授のもとに「確かなお答え」が返ってくることはなかった。

文春によって、抗議文は完全に黙殺された。報道対象となった者からの抗議を真摯に受け止め、より慎重に取材し、記事作成に慎重に当たる、という姿勢を文春はなぜ持てなかったのだろうか。

さらに、賀川名誉教授亡き後、文春は週刊文春誌面で「抗議はなかった」と虚偽の報道をした。この報道について、文春はその後の訂正記事を含め、何も触れずに今に至っている。

この抗議という事実に関して週刊文春の木俣正剛編集長は、週刊朝日の取材に対して「記事について、不快だという感情を表してはおられますが、感情的なものであって、抗議文とはとらえておりません」（『週刊朝日』二〇〇一年三月三〇日号）とコメントしている。

では、どうすれば週刊文春に抗議と受け止めてもらえたのであろうか。

賀川名誉教授亡き後に、遺族である長男の洋氏と次男の真氏が抗議と質問のために文芸春秋社と会見を持っているが、その際にも木俣編集長は「具体的な反論が示されていないので抗議と受け取っていない」と述べている。

さらに編集長は「反論があるのであればいってもらえればページも提供した」と述べている。

しかし、突然「捏造」の汚名を着せられたという事態に憔悴している者にとっては、それは詭弁である。文春はその後「賀川が聖嶽遺跡を捏造したとは書いていない」と主張していた。もし文春が本当に賀川氏の不快感が誤解であり、真に事実を追求することが目的だったとするならば、どこに不快感に至る問題があるのかを改めて賀川氏本人などに取材するのが記事を書いた側の責任でもある。事実、賀川名誉教授は報道後に様々な検証作業を積極的に行っており、そのことは新聞にて報道されている。こうした推移の中で、不快感を明確に示した書簡を抗議と受け止めない編集長の感覚には驚くばかりである。ちなみに、大分地裁における証人尋問で、取材記者の河﨑貴一氏は個人的には抗議だとは思ったが、再取材が必要とは考えなかったと供述している。

五　無視された記者会見

賀川名誉教授の呼びかけによって、二月一八日、西南学院大学の高倉洋彰教授や、九州大学大学院の田中良之教授など九州の考古学の専門家が一堂に会して、聖嶽遺跡出土の石器を肉眼で観察し、検討した。

聖嶽遺跡出土の石器一二点についての検討結果は次のとおりであった。

一、石器は後期旧石器時代から縄文時代後期もしくは晩期初頭の石器が混在している。

二、石器の時期は少なくとも三時期（ナイフ形石器文化期・細石刃文化期・縄文時代後期）、多ければ四期（細石刃文化期が二時期に分かれる）に属する資料である。

三、石器の材料として使用されている黒曜石は、佐賀県伊万里市腰岳と長崎県星鹿半島産の二種であり、縄文時代のものは前者を、旧石器時代のものは後者をおもに使用している。

発掘が行われた一九六〇年代前半当時、賀川氏らは、聖嶽遺跡出土の黒曜石製の石器について、その石材の産地の具体的な場所は特定できなかった。発掘数年後の時点で、阿蘇産の黒曜石の存在が指摘されたので、一九六四年の「大分県地方史」では、阿蘇産と推定している。しかし、聖嶽遺跡出土の石器が阿蘇産の黒曜石ではないことは、現在の知見で判明したのである。

肉眼観察ではあったが、聖嶽遺跡出土の石器の産地は、腰岳か牟田かまでは特定できないものの、西北九州産の範疇に収まるものであるというのが、この時点での最新の知見だったのである。

ここで、聖嶽遺跡問題は、思わぬ方向に展開する。

聖嶽遺跡出土の石器を確認したところ、「石器の増加問題」が判明したのである。現在確認されているのは、聖嶽から明確に出土した石器は一四点（一九六一年予備調査六点、一九六二年本調査八点）ということである。ところが、七〇年代後半の時期から、二点が紛失、それに別府大学が発掘した宮崎県船野遺跡、福岡県峠山遺跡等で出土した石器が混入し、別府大学博物館に聖嶽遺跡出土の石器として、合計二七点が保管されていたのである。

発掘後の賀川氏の論文は基本的には一貫して一四点で記載されていたが、七〇年代後半以降の他の研究者の論文では、二六点が聖嶽出土の石器として扱われていた。

二月二四日土曜日大分合同新聞夕刊で、この問題が初めて報道され、翌日、朝日新聞、読売新聞なども同様の報道を行った。これは石器の保管・管理（貸し出し・返却など）の経緯で、生じたミスと考えられ、別府大学の遺物管理に批判が集中することになる。この批判の中には石器に注記（ネーミング）がされていないことへの批判が含まれていた。もっとも、学史上石器に注記をおこないだしたのは七〇年代に市や県の行う行政調査が盛んになってからということであり、六〇年代の発掘時点にそこまで求めるのは、やや厳しすぎると思われるのだが。

しかし、この問題は、言うまでもなく、聖嶽遺跡を「捏造」とした文春報道とは全く異なる問題であった。

このような経緯のあと、三月六日に別府大学で記者会見が開かれた。

記者会見は別府大学による第一部と、一九六〇年代の調査に参加した当事者である賀川名誉教授と、後藤重巳別府大学教授による第二部と二回に分かれて行われた。

はじめの記者会見は、別府大学の検討委員会（後藤宗俊教授）によるものであった。ここでは聖嶽遺跡出土の石器の「増加問題」について記者の質問が集中した。詳細な資料の配布もなされたが、現場の混乱もあり、時間がかかった。聖嶽遺跡出土の石器の位置付けについても質問が及んだので、同席していた聖嶽石器検討会の座長である高倉西南学院大学教授も質疑応答を行い、次のように回答している。

一、聖嶽遺跡出土石器の一二点の検討結果から、全て黒曜石製であったが、いずれも大分県姫島産や阿蘇山系産ではなく、長崎、佐賀両県の西北九州産であった。

二、西北九州と大分をつなぐルートの可能性も考えられる。

三、その解明には大分、熊本、宮崎などの遺跡で出土した黒曜石製の石器の分布状況を、時代ごとに調べる必要がある。

四、考古学の発展のために、過去の実績の様々なデータを提供し、第三者機関に再検討をゆだね、発掘時点の見解の間違いを率直に認める賀川名誉教授の態度は学者として立派な態度である。

この記者会見には週刊文春の記者も最初は出席していたが、途中で退席しているようであった。

第一部の記者会見が長引いた後に開かれたのが第二部、賀川名誉教授と後藤教授の記者会見であった。

この記者会見を二つに分けたのは、賀川、後藤の両氏は、一九六二年の聖嶽遺跡発掘の当事者であるので、当事者と第三者の記者会見は別に行おうとする趣旨であった。また、この記者会見は賀川氏の強い要望で開かれたものでもあった。

賀川名誉教授は、集まった記者たちを見渡して次のように述べている。

一、石器の形態に統一性がないことは発掘当初から疑問に思い、報告書でも指摘していた。
二、四〇年前の調査を新たに現代の目で見直していただいたことを歓迎している。
三、常に新たな目で検証し直すことが学問だと思っている、新たに石器の一部が縄文時代のものと判明したことは、学問の進歩を示すことで喜ばしいことである。
四、間違いは許されるが作り話は許されない。
五、今回、（聖嶽遺跡が）捏造事件と言われたことは、本当に、悔しい！

週刊文春の記者は、当日、別府大学に来ていたようだが、この賀川名誉教授の会見にはなぜか出席していない。

賀川名誉教授は、週刊文春の記者が、その後、全く取材してこないので、記者会見には来ていないか見渡して探していたのかもしれない。あるいは代理出席しているかもしれない文春記者に対して、賀川氏は訴えていたのかもしれない。

しかし、賀川名誉教授の訴えは、物理的にも、週刊文春の耳には届いていなかった。否、週刊文春は聞く耳をあえて閉ざそうとしていたのではないかとさえ思える対応であった。別府にまで来ていながら、また、不快感を表す抗議文を受け取っていながら、賀川氏本人に会おうともしていなかったのだ。

いずれにしろ、この記者会見で、議論は学問のルートに戻ったかのように見えた。記者会見の席上、賀川氏は記者から出される様々な疑問に誠実に対応し、学問的な検討に喜びを感じ、それを率直に表明していた。

文春は後の裁判で、「賀川名誉教授が説明責任を果たしていなかった」といった主張をしていたが、その主張とは逆に説明責任を誠実に果たそうとする賀川名誉教授の姿がそこにはあった。逆に、その賀川氏の説明を聞こうとしなかった文春の態度は強く批判されるべきなのではないか。

記者会見を受けた新聞各紙の誌面やテレビ報道では、別府大学の遺物管理については厳しい指摘を行っていたが、学問のルートに戻った聖嶽遺跡の議論にはおおむね好意的な記事が載った。

第三章　三月一五日号（第三回目報道）

一　「四遺跡から集められていた」!?

三月八日木曜日、週刊文春の三月一五日号が発売された。

その見出しは、議論がやっと学問のルートに乗ったと喜んでいた賀川名誉教授にとって、衝撃的なものであった。

「『聖嶽洞穴遺跡』は別の四遺跡から集められていた」

すなわち、聖嶽遺跡は「捏造」されたものと断定した第二回目報道に加え、さらに、聖嶽遺跡に埋め込まれた石器を採取した別の四つの遺跡が判明し、遺跡「捏造」は決定的となったというように読める表現であった。

しかし、現実には遺跡「捏造」が決定的になった事実はどこにもなかったし、聖嶽遺跡に埋め込まれた石器を採取した別の遺跡の判明など全くなかった。この間におこったことは、賀川氏の呼びかけに応じて開かれた検討会で、石器の増加が判明し、聖嶽遺跡から間違いなく出土した石器が確定したこと、その石器の材質と時代および石材の産地が判明したことのみであった。

よって、この見出しの付け方は決定的なミスリードであり、石器の保管問題による石器の増加問題と、遺跡捏造問題を混同したものであった。

石器の保管問題は、一九六二年の発掘以後の石器保管にかかわるミスである。一九六二年の聖嶽遺跡発掘よりあとである一九七〇年代の宮崎県の船野遺跡、福岡県の峠山遺跡などから発掘された石器が、聖嶽遺跡出土の石器の保管場所に混入してしまったという問題である。元々週刊文春が問題としていたのは、一九六二年当時の発掘における遺跡の「捏造」であった。その問題とされる時期が別々であることからも、問題の設定自体が全く異なることは明らかであった。

一月二五日号以来の『週刊文春』に掲載された「捏造疑惑」は、「神の手」による「捏造疑惑」、すなわち発掘関係者が意図的にあらかじめ埋めておいたものを発掘して、あたかももとから埋まっていたかのようにして遺跡でないものを遺跡に捏造した、とするものなのである。

したがって、三月一五日号における「別の四遺跡から集められていた」とする見出しによって、読者は、一九六二年の発掘調査の段階で、既に他の四遺跡から石器が持ち込まれていたものと思い込みむよう導かれることになる。

そもそも、この記事本文を読んでも「集められた」という「四遺跡」とは、どこの遺跡のことを言っているのかわからず、非常に不明確であった。

本文中に出てくる①福井洞穴遺跡、②鈴桶遺跡、③平沢良《ひらぞうら》遺跡、④船野遺跡、⑤峠山遺跡を数えると、五つになる。②鈴桶遺跡および③平沢良遺跡を「腰岳周辺遺跡」と強引に一括する見方に立てば確かに四つにはなる。しかし、船野遺跡および峠山遺跡は、いずれも文春の記事でも触れている通り一九七〇年代の発掘であり、一九六二年の聖嶽遺跡発掘当時、その発掘すら行われていない。一九六二年の聖嶽遺跡発掘当時、「集められた」遺跡であるはずがない。船野遺跡および峠山遺跡を、「集められた」「四遺跡」にカウントすることはできない。そうすると、本文中に記載された遺跡の数は二つ、あるいは三つにしかならない。

つまり、三月一五日号では、大見出しで「別の四遺跡から集められていた」と明確に書いていながら、本文中のどこを見ても、「集められた」「四遺跡」がいったいどこのことなのか判明しないのだ。ここでも意図的か否かはわからないが、文春記事が石器の増加問題と、遺跡捏造問題を同一問題としてあげている混乱がみられる。

これが、『週刊文春』三月一五日号の報道内容であった。

二　発掘に参加した人物の研究室

週刊文春三月一五日号には他にも多くの問題点がある。

まず、賀川名誉教授が他の遺跡の石器をもって、聖嶽遺跡を捏造したと強くにおわせる証言の記載である。

記事では匿名の「別府大学関係者の証言」として次のように書かれている。

「聖嶽遺跡の発掘が始まる前、発掘に参加した人物の研究室をたずねたことがありました。当時、別府大学は、旧満州鉄道の療養所だった建物を使っていました。彼は、引き出しから石器を取り出して、『この細石刃は、福井（洞穴）のやつだ』と自慢気にいって、私の手のひらに二個のせてくれたのです。」

福井洞穴遺跡は、長崎県にある旧石器から縄文時代草創期にかけての遺跡である。この記事は、福井洞穴遺跡から発掘された石器を、聖嶽遺跡発掘前に埋め込み、それを聖嶽遺跡から出土したように装うことによって、遺跡を「捏造」したことを、想像させようとしたものだ。

聖嶽遺跡の発掘が始まる前、発掘に参加した人物で、別府大学に研究室をもっていた人物は賀川名誉教授しかいない。

後藤重巳教授は、一九六一年に高校教師になったばかりであった。しかも、賀川氏が福井洞穴遺跡に関与した人物であることも間違いない。一九六〇年の福井洞穴遺跡の一次発掘調査において、芹沢長介氏と鎌木義昌氏から賀川氏は「マイクロリス、リュウセンドキ、オナジソウカラミツカッタ、セリ、カマ」（マイクロリス〈細石器〉と隆線〈文〉土器が同じ層から出土した、芹沢，鎌木）という電報を受け取り、すぐに福井洞穴遺跡に駆けつけて発掘に参加している。

したがって、この記事でも、聖嶽洞穴の発掘にあたって、賀川名誉教授が福井洞穴の石器を使って、遺跡を「捏造」したものと具体的に想像させるような記載がされているわけだ。

もちろん発掘調査により出土した石器や土器などの遺物は、調査参加者など個人が私蔵できる性格のものではないが、研究や実習の為、一時的に個人所持することは当時みられたことである。石器を持っていることと、石器を他の遺跡に埋め込むこととは別次元の問題である。類似する石器を持っていたという事実だけで、その石器を他の場所に埋め込んで遺跡を捏造したのではないかと邪推されたら、考古学の専門家は怖くて、とても研究どころではなくなってしまうだろう。

次に予算に絡む記述で、さらに賀川氏に遺跡「捏造」の動機があった、とにおわせている点である。

記事では、こちらも匿名の考古学者の発言として次のように記載している。

「聖嶽遺跡が発掘される前の六〇年代初頭、長崎県や佐賀県の西北九州で、旧石器の輝かしい発見が相次いだ。大分県内には、県内で旧石器遺跡を発見すれば、注目されて、学術予算もつく、と思っている考古学者が多かった。」

この時期には、まだ行政調査はほとんど行われておらず、考古学関係の学術予算は概ね、大学が行う学術調査に限られる。さらに、大分県内で、考古学研究・調査を専門的に行う研究室を持っていたのは、事実上別府大学に絞られ、賀川名誉教授以外にいわゆる学術予算を申請できる立場の考古学者は存在していなかった。

すなわち、この発言は「考古学者が多かった」と複数形をとっているが、実際は、大分県内では賀川氏のみが予算獲得の動機を有していると読むことができる。

しかし、そもそもこの発言は矛盾だらけである。

本文中に出てくる鈴桶遺跡と、平沢良遺跡は聖嶽予備調査と同じ一九六一年の発掘である。福井洞穴は一九六〇年の発掘開始であるが、一九六四年まで継続的に発掘が続けられている。逆に大分県内では、一九五〇年代から早水台遺跡の発掘が始まっており、丹生遺跡も一九六〇年当初から発掘がされている。以上のように、大分における旧石器遺跡発掘も、いわゆる西北九州の遺跡とは発掘年代に大きな差異はない。さらに、ここでいう「学術予算」というものが何をさすかは不明ではあるが、文部省科学研究費などは、旧石器の遺跡であるから予算がつきやすいという性質のものではない。また、県の予算も同様である。

以上にみたように、これら週刊文春の記事は捏造の動機やその方法などを示し、賀川が「捏造」した疑いを強めるように仕組まれているが、そのすべてが匿名発言であるとともに、矛盾を多くはらんだもので、編集段階で、その信憑性を少しでも調べれば、すべてがナンセンスなものであることは明白になったはずである。

三　他の遺跡にまで！

三月一五日号は、さらに他の遺跡にまで問題を広げていた。

やはり匿名の「別府大学関係者」の発言として、大分県宇佐市にある法鏡寺遺跡や虚空蔵寺遺跡についてまで、疑惑があるかのような記載がされているのだ。

法鏡寺遺跡や虚空蔵寺遺跡も賀川名誉教授の関与した遺跡である。

記事は、出土遺物を発掘関係者が私蔵したかのような記述になっている。しかし、遺物については、明確に報告書に記載され、別府大学博物館等、公的な機関に所蔵されている。

また、現場を確認すれば明らかなことではあるが、このような寺院跡の遺跡は、広範に大量の瓦などが散乱しており、それらをすべて回収するのは現実的に不可能である。記事で私蔵されたかのように記された瓦は、今でも現場に行けば採取できるものである。

さらに、行政調査と異なり、この時代の学術調査の場合は、発掘担当者が自宅に遺物を一時的に持ち帰ることはあり得ることであった。研究者の場合、研究活動は、大学の研究室や博物館などだけでなされるものではなく、自宅においても日々研究活動を行っている。また、地域社会に向けた、講演会や、出張で行う他の大学での講義や、遠方の集中講義などのために遺物を持ち歩くことはその必要性において、ある程度認められていた。

よって、この一連の記述は当時の発掘や研究の実情を完全に無視したものである。

後の遺族と文春関係者との直接の話し合いでは、文春の記者は発掘後の現場も確認していなかったことが明らかになった。また、この三回目の記事に多用されている匿名発言は実はたった一名の（後の裁判で、発言者が特定され、賀川名誉教授と別府大学に強い私怨を抱いていた人物であることが判明している）証言のみで記事が構成されていることが確認されている。

聖嶽遺跡については高校教科書にまで載ったが、それは旧石器時代の人骨という人類学の見地から高く評価されたもので、考古学の見地からは、賀川氏自身が報告書に記載している通り、石器の構成などに大きな疑問があった。したがって、聖嶽遺跡が学問的検討によりその評価が変わったとしても、賀川氏自身が記者会見で表明しているように学問の発展として受け入れられるものであった。しかし、法鏡寺遺跡や虚空蔵寺遺跡に対する「疑惑」というのは学問的問題点の指摘でもなく、遺物を私蔵したというそもそもの発掘姿勢、学問に臨む者の姿勢に疑問を投げかけるような内容であった。

さらに、三月一五日号の記事の最後には、別府大学自体を発掘する必要がありはしないか、とまで書かれたのである。長年にわたり真面目に学究活動に取り組んできて、別府大学の考古学を引っ張ってきた自負のあったであろう賀川名誉教授にとって、こうした一連の週刊文春による報道が、どれだけ屈辱的な内容であったか想像に難くない。

四　賀川名誉教授の苦悩

平成一三年（二〇〇一年）三月八日、別府大学に東京からファックスが入った。

それは、大分ではまだ発売されていない、今回問題になっている聖嶽遺跡に関する週刊文春の三月一五日号の記事だった。

関係者が集まってきたところに賀川名誉教授から電話が入った。賀川氏は、「どんな内容か正直に言ってくれ」と言ったが、文春記事はファックスで読みづらいため、下村智別府大学助教授（現教授）がその記事を賀川の自宅まで届けた。

賀川名誉教授は、週刊文春三月一五日号を読むと、「これは酷いなあ」と沈痛な様子でつぶやいた。

賀川氏は、この号も含めて、三回にわたる屈辱的な名誉毀損記事により、名誉を大きく傷つけられ、楽しみにしていた余生を台無しにされ、社会的に抹殺されたと感じていたに違いない。

特に、三月一五日号は、問題を学問のルートに引き戻すために自ら記者会見した直後に、記者会見とは全く無関係に、取材もされていないことについて、賀川名誉教授がいかにも捏造犯人であると推測させ、さらには他の遺跡も含めて学者としての姿勢にまで問題があるかのような内容で報道されたわけだ。

抗議文を送っても全く何の反応もなく、何度も疑惑報道を重ねられたにも関わらず、当事者である本人には一切の追加取材はされず、記者会見も完全に無視され、いかなる努力も通用しない週刊文春という巨大マスコミに、賀川光夫別府大学名誉教授は言いようの無い無力感を感じたのではないだろうか。

さらにこの号では、学問姿勢そのものをも疑問視されるような事実無根の記事を掲載されたことは、どれだけ彼の心を踏みにじったことであろうか。

第四章　抗議の自殺

一　衝　撃

三月九日午後一〇時一〇分頃、賀川名誉教授は自宅の書斎にて自ら命を絶った。第一発見者は最愛の妻トシコであった。一一時頃の事である。

妻は東京に住む息子たちに電話した。息子たちは実家の近所に住む、日頃から懇意にしていた方に事態を連絡し、動転している母親のことを依頼し、直ちに大分へ戻ることにした。しかし、もう既に深夜であり、大分への飛行機はない。新幹線も終わっている。一番早く大分へ帰る方法は、東京から東名、名神高速道路で大阪まで行き、朝一番の大分行きの飛行機に乗ることだった。

三月九日の夜のうちに別府大学にも連絡が入り、午後一一時頃には賀川名誉教授の自宅に関係者が詰めかけた。

翌一〇日の朝刊には早くも「賀川別府大学名誉教授自殺」の記事が全国の新聞各紙に載った。深夜東名高速道路を車で大阪に急ぐ中、携帯サイトに次々と父親の自殺のニュースが流され、状況が刻一刻公になる様子に、事態の大きさを実感したと長男の洋氏はあとで語っている。洋、次男の真両氏は早朝大阪にはいり、大分行きの便を待つ空港のラウンジで、既に各紙面に目を通す。そこには父の顔が自殺という文字とともに大きく載っていた。

親族の他、大学関係者、多くの市民や教え子たちが賀川名誉教授の自宅に弔問に駆けつけた。大勢の人がごった返す中、一一時過ぎ、遺族の息子たちはマスコミにコメントを求められながら慌ただしく帰宅した。

一〇日午後一時、賀川名誉教授の長男洋氏と別府大学理事長・西村駿一氏が記者会見を行い、遺書が残されていたこと、抗議の自殺であったことを公表し、遺書の一部を読み上げた。翌一一日午後六時には通夜、一二日一二時に告別式が別府市の別府大学に近い斎場で盛大に営まれ、二千人以上の参列者が最後のお別れに集まった。一部は斎場に入りきれず、急遽別室で、葬儀の模様を同時に実況放映する事態となった。

泣き崩れる者。怒りをどこにぶつければよいのか分からず、拳を握り締める者。もっと賀川名誉教授のために何かしてやれなかったかと自らを責める者。深い悲しみの渦が会場を包み込んでいた。

賀川名誉教授の妻は、葬儀が終了し、参列者と一人一人挨拶をしている最中に心労のため倒れ、病院に運ばれた。多くの参列者が葬儀の後、別府市と日出《ひじ》町の境の高台にある火葬場まで訪れ、遺骨を拾った。

二　遺書

書斎には遺書がのこされていた。

その死の意味は、抗議の趣旨であると明確に書いていた。

賀川名誉教授の抗議の死は、三月一一日の日本国内の新聞各紙だけでなく、朝鮮日報、東亜日報など海外マスコミも報じた。

遺言
私の生涯すべてを辱かしめる悪質な讒言と報道に対して父は死をもって杭《ママ》議します　父は学問を「白石の如く」大切にしてきました。その学者の誇があるからです
父の死後兄弟助け合い強く正しく頑張ってください　そして大切な大切な母親をお願い申しあげます　お願いします。
最愛の洋様
最愛の真様
平成十三年三月九日
父　光夫

遺言

お母ちゃん

このたびの石器事件（聖嶽遺跡）は悪質な讒言により最大の辱しめとなりました。戦後五十五年間、一途な努力をすべて失なった悔しさ無念さは「死による杭《ママ》議」より外にありません

「死の抗議」は「白石よりも潔く」生きてきた私の学問の信実であるからです　お許しください。

言葉では尽せないほど深い深い愛情忘れることはできません。有難う御在居ました。もう一度中国豆腐を食べたいと思いましたが、生れかわることできたらおねだりします

最後に私の分まで長生して下さい。

懐かしい愛しいお母ちゃん

トシコ様

平成十三年三月九日

光夫

賀川名誉教授が自殺

聖嶽洞穴問題で悩む？

戦後、九州の考古学会をリードしてきた別府大学名誉教授賀川光夫さん(七七)が九日夜、日出町豊岡の自宅で自殺した。賀川さんは国内で唯一、約一万四千年前の旧石器時代の人骨と石器が発見されていたとされ、教科書にも記述された聖嶽洞穴（本匠村）の遺跡を発掘。その後の調査で、人骨、石器ともに、年代に疑問が提起され、悩んでいた。

九州考古学会をリード

賀川光夫別府大名誉教授

九日午後十時十分ごろ、日出町豊岡、別府大学名誉教授の賀川光夫さん(七七)が自宅二階の書斎で首をつっているのを家族が見つけ、病院に連絡。十五分後に医師が駆けつけたが、既に死亡していた。

日出署の調べでは、賀川さんは、梁に打ち込んであったくぎにロープのような物を掛けていた。遺書が数通残されていた。遺書には聖嶽洞穴に関することが書かれていたという。

第三者の調査歓迎していた

賀川さんは最近、約四十年前に自らが発掘調査した聖嶽洞穴遺跡をめぐって、「ねつ造」の疑惑を持たれたことを気にしていたという。一九九九年、国立歴史民俗博物館(千葉県佐倉市)による再調査を自ら歓迎し、約四十年も前の調査に対する批判も甘んじて受け、「第三者の学者による真実究明を歓迎したい」と話していた。

「ねつ造」疑惑を持たれた石器の疑問に対しては、別府大学が六日に開いた記者会見で、第三者の高倉洋彰・西南学院大学教授が明確に否定。賀川名誉教授が再調査と新たな評価を受け入れたことに対し、「学者として立派な姿勢だ」と評価していた。

電話あったばかり

後藤宗俊・別府大学教授の話　聖嶽洞穴の石器の問題で、九日の朝も賀川先生から心配する電話が入ったばかりだった。今回の問題では、四十年も前の調査のことなのに、ずっと気にして、学者として真正面から取り組んでいた。自分のことよりも、人のことを気にする先生だった。とにかく、大分県にとってこれほどの先生はいなかった。

賀川先生の業績

賀川さんは栃木県出身。日本大学史学科を卒業後、一九五一（昭和二十六）年、別府大学講師、助教授を経て、五八年に教授。同大文学部長、学長を歴任し、現在、同大名誉教授。県考古学会会長も務めていた。いち早く縄文農耕論を展開するなど、九州における考古学の黎明（れいめい）期を引っ張った。

臼杵石仏の保存整備に力を入れ、国宝昇格に尽力。現在は国東町の国史跡「安国寺集落遺跡」（弥生時代）の保存整備に精力的に取り組んでいた。考古学における功績で、五三年、大分合同新聞文化賞を受賞。

（右）大分合同新聞
平成 13 年 3 月 10 日　朝刊

（下）3 月 12 日の葬儀
（大分合同新聞 提供）

三　逆撫でする文春

『週刊文春』三月二二日号が三月一五日に発売された。賀川名誉教授の自殺を受けて、その弁明を企図した記事が掲載された。

文春はその記事で、「決して〝神の手〟を、聖嶽洞穴発掘調査団の団員や賀川氏個人だと決めつけるどころか、その疑念に触れたこともない」と強弁し、賀川名誉教授から文春への抗議がなかったように記載し、さらに、「学者であられるなら、学問的業績への疑惑の指摘には、学術的に反論していただきたかった」とまで記載していた。

あれだけ賀川名誉教授を捏造犯人視していながら、また抗議文を受け取っていながら、さらに三月六日に行われた別府大学での賀川名誉教授の記者会見に出席しないで、そのようなことが書けるものか。事態を学問のルートに戻すために自ら検討委員会を呼びかけ、調査の結果と資料を公表し、記者会見において、過去の発掘の疑問に率直に答えて行く。こうした事実を完全に無視し、どうして、「学術的に反論していただきたかった」などと言うことができるのか。週刊文春のマスコミとしての倫理観の欠如には驚くべきものがある。こうした点からも、この三月二二日号は死者を鞭打ち、遺族の心情を逆撫でする以外の何物でもなかった。

四　報道の波紋

こうした一連の文春の報道は、インターネット上にも飛び火した。

ネット上の匿名掲示板や、一部考古学関係の掲示板などに、文春の記事を鵜呑みにした賀川名誉教授に対する誹謗中傷が相次いだのである。

中には、更に聖嶽遺跡とは無関係な内容を増幅して書き込むものや、妙に思わせぶりな発言や、心無い罵詈雑言などが相次いだ。考古学関係の掲示板には遺族である次男の真氏が、実名で書き込み、事実関係や経緯などの情報を公開したため、大枠では沈静化したが、匿名掲示板では、長期間にわたり誹謗中傷が繰り返され、それは最高裁判決後まで続いた。中には遺族に対する誹謗中傷も散見された。また、考古学関係の掲示板では、その後長きにわたり、事実誤認と認識違いをもとに投稿を繰り返す特定の投稿者もいて遺族を深く悩ませたのであった。

こうした現象はネット化された現代においては、雑誌による名誉毀損が雑誌の枠にとどまらず、はるかに広い影響力を行使し、その被害の深刻さがより増大していることを端的に示している。

第Ⅱ部　名誉回復への道のり

第一章　提訴へ

一　遺族と文春の直接協議

賀川名誉教授の自死という衝撃的な事件のあとも、あの三月二二日号の記事からもわかるように、週刊文春の対応は遺族の神経を逆撫でするものであった。

遺族は、週刊文春に協議の機会を設定するように求めた。

そもそも遺族は当初裁判を考えてはいなかったのである。なぜならば、長男の洋氏は出版というマスコミの中にいる人間であり、司法とはいえ、公権力が、言論の中に介在する事を潔しとはしなかったからである。彼は、双方が誠意を尽くして話し合えば、文春が非を認め、謝罪と名誉回復が自主的に行われる、という可能性にかけていた。よって、この協議はその理想に向けた重要なプロセスだったのである。

協議に先立ち、遺族は文春の記事に実名で出ていた、春成秀爾・国立歴史民俗博物館考古研究部長、小田静夫・東京都教育庁文化課主任学芸員、馬場悠男・国立科学博物館人類研究部長（肩書きは当時）を始め、様々な考古学関係者や編集者などに、取材の実態や、聖嶽遺跡の位置づけなど広範に話を聞いていた。特に次男の真氏は頻繁に別府大学の考古学研究室とも連絡をとり、聖嶽について、そして今回の事件の状況などについて関係者から意見をきいた。

こうした活動で、例えば、文春が春成氏への取材は電話取材の一回だけしか行っていないことなどが明らかになる。

関係者の話を聞いた結果、遺族は文春が杜撰な取材をしていたのではないか、そのため賀川名誉教授の名誉が十分な配慮を受けることなく傷つけられたのではないかとの疑念をさらに深く抱いた。

取材経過が明らかとなり、率直に詫びてくれれば、そして賀川名誉教授の名誉が回復すれば、それ以上事を荒立てたくないという思いであった。

当時、洋氏はタトル商会という洋書を輸入し、販売する会社の再建にあたっていた。その日、彼はタトル商会での打ち合わせのために、多摩川に近い田園都市線の溝ノ口駅に向かっていた。ふと電車の吊り広告をみると、そこに父、賀川光夫氏の顔写真があった。つり革を持つ無数の人の頭が、その下で揺れている。彼らの多くは、このニュースを知っている。でも、ひと月もすれば、日々の暮らしの中で忘れ去り、事件が風化するばかりか、事件そのものも忘れ去られてしまうのだ。

「最近スーパーに行くのがいやでね」と母親が洋氏に語ったのは、事件からひと月以上を経たときのこと。

「みんなに見られているような気がしてね」

事件は、遺族の心には傷を穿ち、人々は日を追うごとに無関心になる。

母親とのそうした会話のひと月も前、確かに賀川光夫氏の事件は、全国で話題になっていた。吊り広告は、文春とは競合する出版社の週刊誌のものだった。週刊誌がこの事件を取り上げて、特集にしたためである。そういえば、葬儀の日の前後、彼は何度もマスコミの取材を受けた。

マスコミなどの外部との対応は洋氏が、学術上の調査や大学関係者との連絡は真氏が、というふうに役割を分けていたのである。実は、今回の事件の影響もあり、遺族や関係者の中には、マスコミ全体への不信感をあらわにする人も多くいた。「あなた方が先生を殺したんだよ」と、取材記者に詰め寄った人もいたほどだ。

そうした中、洋氏は、マスコミに対してはできるだけ丁寧に応対し、これ以上誤解を拡大しないよう努めたのである。

溝ノ口駅で電車をおり、タクシーに乗る。洋氏はそのタクシーの中から文芸春秋社に電話をいれた。名前を名乗り、文春の木俣編集長への取り次ぎをお願いすると、間もなく本人が電話をとる。遺族からの電話を既に予想していたかのような応対だったと彼は語る。電話の意図を告げ、面会をもとめると相手も即座にそれに応じてくれた。洋氏は、これで週刊文春も話し合いのテーブルについてくれたものと、期待した。

二〇〇一年三月二三日に文芸春秋社の本社で、文春関係者と遺族との協議は行われた。

出席者は、遺族側として長男の賀川洋氏、次男の真氏、文春側として木俣正剛週刊文春編集長、編集部次長の柏原光太郎氏、副編集長の羽田昭彦氏、そして取材にあたり記事を執筆した河﨑貴一記者であった。最初に法務担当の社長室法務・広報部長の藤原一志氏も名刺交換だけした。遺族は、文春の協議出席者の了解を取り、協議のすべてを録音した。

遺族は、関係者から聞き取った内容をもとに記事の多くの疑問点を質した。

例えば、週刊文春二月一日号が、「小誌スクープを権威も追認　大分『聖嶽人』はやはり捏造である」という見出しであったことに対して、なぜ、「捏造」と断定した見出しをつけたのか、週刊文春の木俣編集長に聞いた。

「いえ、断定していません」

「だって、やはり捏造である、と書いているではないですか」

「いえ、これは、権威も追認という、その権威の言葉の引用で、私どもが断定したのではありません」

つまり、断定したのは「権威」であり、文春は捏造と断定した訳ではないと言ったのである。これは遺族とっては詭弁としか考えられなかった。事前に話を伺った、春成氏を始め、どの専門家からも公式に「捏造」と断定したという事実は存在しなかったからである。

また、三月一五日号の「別府大学関係者の証言」として、「聖嶽洞穴遺跡の発掘が始まる前、発掘に参加した人物の研究室をたずねたことがありました。（中略）『この細石刃は福井（洞穴）のやつだ』と自慢気にいって、…」との記事について、当時別府大学に研究室を持っていたのは賀川名誉教授しかいない……ということは、このコメントは、そのまま研究室の人物が賀川であることを特定しているという点を、遺族は記者に確認を求めた。

「ああ、そうですか」

「そうですかじゃないでしょう。調べれば簡単にわかることですよね」

このやり取りは、そもそもそういう基礎的な調査をしていないか、もしくは事実賀川氏が「捏造」したと暗に書いているかのどちらかであることを示したものであった。

さらに、この協議で、河崎記者は賀川氏が一九六二年発掘直後に出した「洞穴遺跡調査会会報（前述の発掘直後の速報）」には目を通していなかったことが明らかになった。これを追及する遺族に対して、河崎氏は、

「全ての論文を読まなくてはならないんですか？」

という返答。

この報告書には賀川名誉教授本人が、石器の形態や出土状況に疑問を持ち、将来の事例の蓄積の必要性や、第三者による再調査に期待する旨表明している重要な論文である。

しかも発掘直後に出された、最も重要な一次資料ということもできる。

この点を指摘すると、河﨑氏は、

「賀川先生が当初から疑問を持っていたことは、分かっていましたし、それは記事に書いたはずです」

と発言した。

では書いた部分を具体的に示すように遺族は追及したが、文春側は具体的に記事の中に記載した場所を示すことができなかった。事実、賀川名誉教授の生前に三回、死後に一回掲載された記事のどの部分にも、賀川氏が抱いていた疑問に言及した場所は見当たらない。

さらに春成氏への取材についても、最初は複数回電話で行ったと主張していたが、事前に春成氏本人から、遺族が取材状況を聞き出していることを告げると、数回の電話は単なるアポイント取りであり、取材としては一回でしかないことを認める有様であった。

こうした、二時間を超える協議になったが、遺族の疑問点は一切解決できなかった。

遺族は後日、質問を文章で提出し、これに回答してもらうことと、取材テープや取材ノートの開示を要請して、協議は一旦終わった。

それからしばらくして、不可思議なことがおこる。

洋氏や真氏の知人や友人宅などに文春の記者（あるいは関係者）が訪れ、そこでプライバシーにかかわる個人的な事項を調査している事実が判明したのである。この件については後で詳しく解説するが、遺族は書面にて抗議をし、なぜ遺族に対してそうしたことをするのか、理由をきいた。加えて、質問に回答する日時を明確にするよう、内容証明郵便にて、何度か問合わせた。しかし、あの協議以後は、ただ文春法務部との無機質なやりとりに終始することになったのである。

最終的に文春側より、遺族が、様々な考古学者に接触したために文春の調査ができなくなったと、遺族に責任を転嫁する、配達証明郵便が届き、同時に質問への回答を拒否する旨通告してきたのである。

ここに至って、遺族としては、事態を打開するには弁護士に依頼して裁判をするしかないと思うに至った。

ところで、遺族による直接協議の翌日に、日本考古学協会に「聖嶽洞穴遺跡問題連絡小委員会」の設置が決定された。このことにより、問題の学問的なルートでの検証という生前からの賀川名誉教授の希望がかなうことになったのである。

二　三〇人の弁護団結成

遺族は、文春提訴を決意し、複数の弁護士にアクセスし、安田彪弁護士（東京弁護士会）、徳田靖之弁護士（大分県弁護士会）、亀井正照弁護士（第一東京弁護士会）に相談した。安田弁護士は遺族の親類で、相続関係の手続きの他、文春との書面のやり取りを支えていた。また、亀井弁護士は次男の真氏の中学・高校の同級生で、積極的にこの問題へアドバイスを重ねていた。

そして、徳田弁護士は、賀川光夫名誉教授とも面識があり、妻賀川トシコ氏が直接電話をいれ、長男洋氏と徳田靖之法律事務所に出向いて、依頼した。

「先生の無念の気持ちを思えば、ぜひお手伝いさせてください」

徳田弁護士は二つ返事で応諾した。

徳田弁護士は遺族の訴えを正面から受け止め、

「私は、以前よりこれは明白な人権侵害だと感じていました」

というスタンスのもと、全面的に協力する旨、遺族に伝え、具体的な準備に取りかかった。

名誉毀損事件にあっては、民事問題だけではなく、刑事問題になることもある。

刑法二三〇条の名誉毀損罪という刑事犯罪に該当するものとして、遺族が検察官又は司法警察員に対し、被害者（の遺族）として刑事訴訟法上の「告訴」（告発）をするという手続だ。

遺族と弁護士との協議の中で、刑事事件にすることは避けることになった。マスコミがいくら違法なことをしているとしても、昨今と比べ被害者尊重の風潮のまだ強くない当時としては、遺族の思いを捜査機関がどの程度、どのように汲んで動いてもらえるのか見えないという事情と、マスコミの表現の自由が問題になる事件にあって、公権力の行使を招いて事を解決することへの躊躇があったためだ。

そこで、民事裁判ということで弁護士との話は動き始めた。

最初の課題はどこで提訴するかということだった。

東京か、それとも大分か。相手が文芸春秋社になるので、「被告の住所地」という基準でいけば、東京地方裁判所と考えられる。東京地方裁判所は、名誉毀損の裁判も多く審理されている。賀川光夫氏の遺族である二人の息子も東京にいた。

これに対し、文春がその週刊誌を販売することで名誉毀損を行った場所、すなわち「不法行為地」である大分での裁判も考えられた。賀川名誉教授の名誉の回復という観点からすると、賀川氏は大分県の別府大学に奉職していたわけであるし、妻を始め、関係者、教え子の多くが大分にいる。こうした関係者の多くは、怒りを共有しており、裁判に対して各自が何らかの協力をしたいと切に望んでいたのである。したがって、地元の大分こそ、まず名誉回復がなされるべき地であると考えられた。

こうした議論の後、最終的に、地元での名誉回復をと、遺族は大分地方裁判所に提訴することにしたのであった。

早速、德田弁護士は大分県弁護士会内の弁護士に広く、弁護団参加を呼びかけた。賀川氏は地元では有名であり、堪え難い人権侵害を受け、無念の死を選ぶところまで追い詰められた賀川氏の名誉回復のために協力しようと大分県弁護士会から新たに二七名の弁護士が積極的に参加し、合計三〇名の弁護団を結成することになった。

　弁護団結成に参加したメンバーは次のとおりである。

「賀川教授の無念晴らせ」

週刊文春の「ねつ造」報道

名誉棄損で提訴へ

遺族３人　30人の大弁護団結成

賀川教授の訴訟記者会見をする長男洋さん（前列左から２人目）ら遺族と弁護団

　週刊文春による聖嶽洞穴（本匠村）のねつ造疑惑報道に抗議し、今年三月に自殺した別府大学名誉教授賀川光夫さん（七八）＝当時＝の遺族三人は十五日、「何の根拠もないまま、ねつ造に関与したかのような報道をされ、名誉を棄損された」として同誌を発行する文芸春秋社などを相手に、謝罪広告の掲載と損害賠償を求める訴訟を大分地裁に起こす考えを明らかにした。同日、大分市内で弁護団（代表・徳田靖之弁護士・三十人）を結成、十一月一日の提訴を目指している。

　遺族側は賀川さんの死後、同社に報道への経緯説明を求めて話し合った。しかし、納得のいく説明はなく、再度の話し合いも断られたことから提訴に踏み切ることにしたという。

　原告の長男洋さん（四五）と二男真さん（三九）は「父の人格が傷つけられ、学者としての人権が侵されたことは許し難い。すべての努力が一つの心ない報道で壊された」と心境を述べた。

　徳田弁護士は「人格高潔な素晴らしい人が、死に追いやられたことに対し、名誉を回復するとともに安易な報道に警鐘を鳴らしたい」と話した。さらに県弁護士会員の半数近くが加わる〝異例〟の大弁護団になったことについて、「賀川さんに加えられた屈辱は、大分そのものが受けたという思いがあるからではないか」と説明した。

　週刊文春の木俣正剛編集長は「小誌の報道の真実性は、その後の学術調査報告書によっても裏付けられたものと確信しております」とコメントを出した。

計４回にわたり記事掲載

　週刊文春は今年一月から三月までの三回と、賀川さんの死後一回の計四回にわたって、聖嶽（ひじりだき）関係の記事を掲載した。

　最初の記事は一月二十五日号。「『第二の神の手』が大分『聖嶽人』周辺にいる!?」と、賀川さんが団長を務めた約四十年前の調査に「ねつ造」疑惑の目を向けた。二月一日号と三月十五日号で、「ねつ造」を断定する記事を掲載。「あたかも賀川さんが関与したかのような内容だった」（弁護団）。

　賀川さんは、これらの記事に抗議。三回目の記事が出た直後の三月九日夜、日出町内の自宅で自殺した。週刊文春はさらに三月二十二日号でも、聖嶽の記事を掲載した。

　聖嶽洞穴は一九六二年に調査され、国内で唯一、旧石器時代の石器と人骨が一緒に出土した遺跡とされた。しかし、九九年の再調査では、その評価が疑問視されている。

大分合同新聞　平成13年9月16日朝刊

徳田靖之、岡村正淳、安田彪、亀井正照、吉田孝美、河野善一郎、濱田英敏、小林達也、柴田圭一、西山巌、西田收、神本博志、安東正美、中山敬三、佐川京子、古田邦夫、川口憲彰、指原幸一、千葉隆一、鈴木宗嚴、河野聡、瀬戸久夫、後藤尚三、荷宮由信、大森克磨、原口祥彦、渡辺耕太、中山知康、石井久子、田中利武。

　早速、弁護団は今回の問題を多角的に検討するために、勉強会を開催した。

聖嶽遺跡の学問的評価の問題と、賀川氏の名誉の問題を明確に分けることも確認された。

文春から、賀川名誉教授を捏造犯人と名指ししていないという主張が予想されたが、文春記事を見る限り、確かに記事では捏造犯として名指しこそはしていないものの、あらゆる表現を駆使しながら、最終的には賀川名誉教授があやしい、犯人は賀川名誉教授しかいないと読者に思わせるように巧妙に書かれていることが確認された。

被告として、文芸春秋社だけでなく、週刊文春編集長の木俣正剛氏、記者の河﨑貴一氏も加えることにした。この両氏は杜撰な取材を行い、記事を書いた本人と、それを掲載する責任を負っていると判断したからである。

ちなみに、副編集長は被告から除外したが、見出しを付けたり、記事本文に手を加えて、実質的に記事内容を作り上げるのは副編集長であったらしく、その意味では副編集長も被告に加えるべきであったかもしれない。

二〇〇一年九月一五日、提訴へ向けて遺族・弁護団らは記者会見を行った。そこには、新聞テレビなど多くのマスコミが詰めかけ、記事として報道された。

第二章　大分地裁での闘い

一　大分地裁での経過概要

(一) 裁判の始まり

そもそも、名誉毀損事件は、刑事的側面から見る場合と民事的側面から見る場合とがある。民事的には、報道等の何らかの表現活動によって表現対象となった者の社会的評価が低下した場合に、当該表現活動を「不法行為」に該当するものとして、損害賠償や謝罪広告など名誉回復のための処分を裁判所が命じることができる。

こうした表現活動が「不法行為」の評価を受けないためには、その表現行為が公共の利害に関する事実に係り、専ら公益を図る目的に表現された場合、摘示された事実が真実であることが証明されなければならない。すなわち「真実性」あるいは「真実性の抗弁」が行われ、それが妥当と認められた場合、その行為には違法性がなく、不法行為は成立しないものと考えられている。

また、事実が真実であることの証明がされなくても、その表現行為者においてその事実を真実と信ずるに足る相当の理由があるときも（「相当性」あるいは「相当性の抗弁」）、不法行為は成立しないものと考えられている。

本件週刊文春による賀川名誉教授に対する名誉毀損も、第一に被害者側において、週刊文春の三回にわたる報道が、賀川氏の社会的評価を低下させたことを主張・立証しなければならない。週刊文春の報道によって賀川名誉教授の社会的評価が低下したことは当たり前ではないかと思われるかもしれないが、文春側からは様々な反論が想定される。具体的には賀川を「犯人」とは特定していないので、記事によって社会的評価が低下させたとは言えない、という弁解などが想定された。また、文春側からは「真実性の抗弁」や「相当性の抗弁」などが主張されることも想定された。

そこで弁護団は、三回にわたる週刊文春の連載記事の見出し、文章構成、表現などを詳細に分析し、
一、各連載記事が賀川らを東北の捏造事件の当事者と同一であるかのように貶めていること。
二、賀川自身が発掘直後から問題点を指摘し、第二次調査も積極的に歓迎している等、遺跡「捏造」を感じさせる点は微塵もないこと。
三、文春によって賀川の全業績、全人生を否定したに等しいような報道がなされたこと。
四、人生至福の喜びを放棄する以外に、文春に伍して抗議する術はないとまで決断させたこと。
などを、訴状という形で明らかにした。

こうして、二〇〇一年一一月一日、遺族三名（妻　賀川トシコ、長男　賀川洋、次男　賀川真）は三〇名の弁護団を通じて、大分地裁に提訴した。

賀川名誉教授の名誉回復を第一に考え、謝罪広告を中心に掲げての裁判であった。

二〇〇一年一二月二五日、大分地方裁判所において、第一回口頭弁論が開かれた。法廷は大分地方裁判所で一番広い第一号法廷とされたが、支援会を始めとした傍聴者多数が詰めかけ、傍聴席に入れない人が出て、結局傍聴は抽選になるほど、この問題に対する注目の高さが窺えた。

被告側は、答弁書を事前に提出したが、当日は文春の社員も弁護士も欠席であった。多数の傍聴者が詰めかけた大きい法廷にもかかわらず、被告席には誰も座っていなかった。法廷は、文春を圧倒せずにはいられない原告側の意気込みに溢れていた。

準備書面の陳述が終わった後に原告を代表して遺族で長男の賀川洋氏が意見陳述した。以下、その内容である。

「ちょうど一年前のことでした。平成一二年の年末に、私と妻は、久し振りに大分の実家に帰省いたしました。

そのとき、何年振りでしょうか、父と母を連れて、久住山麓にある温泉に遊びました。父は終始上機嫌で、これから毎年、このように集まろうと話し合いました。

正月が終わり、実家の門の前に立つ父に手を振って、東京にもどったときが、私が父を目にした最後となりました。

その直後、週刊文春が、先年東北で起きた旧石器捏造事件の第二弾であるかのように、父、賀川光夫が四〇年前に発掘した聖嶽洞穴遺跡についての記事の掲載をはじめました。それは三回にわたり、時には婉曲に、時には直截に近い表現で、父が捏造犯であるかのような表現で、執拗に父を鞭打ちました。

実は、聖嶽についての記事は、それ以前から新聞等で報道されてはいました。しかし、それらは全て、聖嶽洞穴遺跡の評価の問題を云々したものであって、捏造疑惑ではありませんでした。学問は、常に進歩するもの。その進化によって聖嶽の評価がたとえ変わったとしても、それはむしろ喜ぶべきこととは、父が常に周囲に語っていたことでした。

しかし、週刊文春の記事は、そうした学問上の評価の問題ではなく、学者としての全人格を否定する、捏造という疑惑を最初から前面に、かつセンセーショナルに打ち出したものでした。そのことによって、父、賀川光夫は人格を踏みにじられ、苦しんだ末、自らの命を絶ったのです。

では、そもそも週刊文春の記者、そして編集部は充分に調査を行い、関係者に取材をした上で報道したのでしょうか。

事実は、残念ながら否でした。四〇年前の聖嶽洞穴遺跡発掘ののち、父が発表した報告書には、この遺跡の価値についてまだ検証しなければならないことがあり、研究者による検証が必要であると記しています。週刊文春の記者は、聖嶽問題の原点でもあるその報告書に目を通していませんでした。

また、記事で聖嶽洞穴遺跡の価値に疑問を述べたとして紹介されている学者へは、面談のうえでの取材をしておらず、その学者の見解に疑義をもつ学者へは取材をすることもなく記事を掲載しました。

聖嶽遺跡が捏造だとする専門家などいないのに、記事は権威も捏造を確認したと断定して報じたのです。

家族である私は、こうした不十分な取材によって、父の人格が傷つけられたことを重く受け止めます。そして、母と野山と散歩をし、趣味の絵を楽しみながら老後を送っていた父が、そうした余生に訣別して、自ら命を絶ってしまったその事実に、目をつぶることは到底できないことであります。

謹んで申し上げます。

私どもは、聖嶽の価値、父の学問的な成果を傷つけられたことに対して抗議しているのではありません。父が理不尽にも捏造犯と報道され、学者としての人格、人間としての品位を著しく傷つけられたことに対して、つぐないを求めているのであります。

もとより、報道の自由は民主主義国家の基本的権利として守られなければならないものと理解しています。

しかし、そうした権利があればこそ、それを悪用するかのようなペンの暴力によって人が傷つけられることのないよう、マスコミはつねに心がけなければならないものと信じております。

そのモラルの欠如に対しては、個人の立場が弱いもので、マスコミの力が強大であればあるほど、厳格に対処するべきものと心得ます。

最後に、ここに父が死に臨んで、学会学友、一般にむけて記し遺した遺書を発表させていただきます。

私どもは、この遺書に記された遺志を心に刻み、この遺書こそを、裁判官の皆様への陳述の主旨としたく思うものであります。

学会学友市民の皆様

昭和三十七年聖嶽遺跡の調査後四十年前の調査に不正行為があつ《ママ》と批判され、これが報道されました。もとより無責任な発言からと思いますが当時の生存者にとっては耐え難い屈辱の連日であります四十年前当時の調査者には不誠実者は一名も存在せず恥ずべき行意《ママ》はありません。このたびの辱めをなくすることは当時の代表者である私の死により関係者の潔癖を証明し無謀な報道に杭《ママ》議する以外にないと考へました。

ここに、「白石より潔い」身を神に捧げて疑いを晴らしたい。学会学友の皆様、御厚情を寄せられた皆様、私の学問に対する誇りと責任を御賢察下されば幸せに存じます

平成十三年二月二十五日

賀川光夫

この遺書は、二月二五日の日付でしたが、家族にあてた三月九日の遺書と共に、父の書斎に遺されておりました。

裁判官の皆様の心あるご判断を願うものであります。」

(二) 書面での攻防

裁判の場で、特に民事裁判の場で、映画のように原告側と被告側が口頭で主張を繰り返し、相手と舌戦を繰り広げる場面は多くない。

実際はそれぞれが主張の根拠となる証拠や主張をしたためた書類を裁判官に提出し、文章の上での

やり取りをもって裁判は進行する。傍聴する人々にとっては、ある意味で何がおきているのかわからないことも多いはずだ。時にはただ証拠書類や相手の主張に対する意見書となる書類を提出するだけで、裁判長との口頭でのやりとりは、次回の裁判のスケジュールの調整というだけの場面がある。

従って、弁護団は、裁判の後、支援者や関係者に向けての説明会を開催し、情報の共有に努めなければならなかった。

ここでは、そんな書類での攻防の経緯を解説する。

裁判における原告側の主張は、訴状に要約されている。

弁護団としては、賀川名誉教授の学者・研究者としての業績と高潔・温厚な人柄を簡潔に論述したうえで、その主張を、

一、本件記事は聖嶽遺跡が捏造遺跡であり、その「捏造犯人」が賀川名誉教授であるとしたものである。

二、「捏造犯人」と週刊誌で指摘されることは賀川名誉教授の社会的評価を著しく低下させるものである。

三、その結果賀川名誉教授は人生で一番大切なものをなげうってでも死を決意せざるを得ないほどの精神的ダメージを受けた。

と要約した。

原告側のこうした主張の最大の論拠は、本件記事が「第二の神の手」「捏造」という表現を用いたという点にある。

したがって、文春側が、この二つの表現の意味についてどのように説明し、反論するのかということが、今後の裁判の推移を判断するうえで決定的に重要だと思われた。

ところが、審理が進むに従って、文春側の応答は奇妙な迷走を始めたのである。

先ず、訴状に対して文春側から最初に提出された答弁書では、本件記事にいう「神の手」の意義について、「藤村の手法つまり遺跡に自ら石器等を埋めておいてそれを発掘し、その遺跡からそれらの石器等が出土したかのように装って遺跡の年代等を捏造する行為を指すものと一般に理解されている」との原告の主張を「概ね認める」とし、「神の手」と遺跡の「捏造」とが同義であることを認めていた。

その次に提出された書面（準備書面という）でも、聖嶽遺跡について「最初の発見には何らかの作為が働いていた可能性」があると主張して、自らの報道が、聖嶽遺跡の発掘者による「第二の神の手」つまり「捏造」の可能性を記事にしたものであることを事実上認めていたのである。

しかし、その直後に、文春の主張は一変する。

二〇〇二年四月三〇日に提出された文春の準備書面は一転して、「神の手」とは藤村氏のことを指すと主張し、「神の手」の意義から「手法」の部分を脱落させたうえで、本件記事にいう遺跡の「捏造」とは、「考古学上無価値との結論を伝達するもの」であり、一般社会の用語では「捏造」としかいえないものという意味であると言い換えられるに至った。

こうした文春側の主張の変遷は、本件裁判における文春の苦しい立場を反映したものと考えられた。

原告弁護団は、直ちに会議を開き、文春側の本件裁判における方針を分析したうえで、今後の方針について次のとおり決定した。

第一は、文春側の最大の弱点が、「第二の神の手」「遺跡の捏造」との表現にあることを徹底的に明らかにすることである。

第二は、文春側がその弱点をカバーするために、本件の争点を考古学論争、つまり聖嶽遺跡の考古学的価値の如何にすりかえようとしていることを明らかにして、これを許さないことである。

こうした方針に基づいて、弁護団は、本件の争点は、本件記事が発掘者である賀川名誉教授による「捏造」である旨報道したかどうかにあることを強調し、文春の「遺跡の捏造」の意義に関する主張の非合理性を徹底的に追及した。

二〇〇二年五月二四日に提出された原告側の準備書面には、「被告による争点のすり換え」と題して、次のように記載している。

「被告らは、同年四月五日付準備書面において、本件記事（甲第二号証）の見出しにある「神の手がいる」とは、聖嶽遺跡が「考古学上無意味であった可能性が高い」という意味を要約して伝えるものと釈明し、更に甲第三号証（週刊文春二〇〇一年二月一日号）の見出しにある「捏造」とは、「考古学上無価値である」との結論を伝達する意味である旨釈明するに至った。

しかしながら、「第二の神の手」とは第一（元祖）の神の手たる藤村氏の手法と同じ手法としてしか理解されないし、「捏造」の一般的用語としての意味は「事実でない事を事実のようにこしらえて言うこと」（広辞苑五版）であることに争う余地はない。

「神の手」と「遺跡の捏造」はどう解釈しても同義語であり、無価値なものを（遺跡として）価値あるものに意図的に「こしらえる」ことを意味することは誰の目にも明らかである。

被告の論法は、「神の手」と「捏造」から意図的に作為と作為者を隠して、一般的な、遺跡の考古学的な価値の如何の問題にすりかえる子どもだましにすぎない。

そのうえで、被告らは、同年四月三〇日付準備書面では、本件記事で指摘した聖嶽遺跡に関する疑問点について、原告らがどのような見解を有しているのか明らかにするよう釈明を求めるに至っている。

このような求釈明に対する原告らの意見は後述のとおりであるが、このような求釈明こそ、被告らがあくまでも本件訴訟の争点を聖嶽遺跡の考古学的価値の如何にすりかえようとする意図の現れと批判せざるをえない。」

こうした論陣により、本件裁判を、考古学論争に持ち込もうとした文春の意図を、完全に封殺しようとしたのである。

この種の名誉毀損裁判では異例ともいうべき、大分地裁における短期間の結審は、こうした文春の意図を許さなかったことによる成果であるといえよう。

(三) 尾本名誉教授の陳述書

本件裁判の争点が聖嶽遺跡の考古学的価値の如何ではないということを明らかにしたうえで、原告としては、学者が文春による本件記事をどのように評価しているのかを明らかにしていく必要性を感じていた。

そうした原告や弁護団のもとに、尾本惠市東京大学名誉教授が会って下さるとの朗報が届いた。

尾本名誉教授は、人類学の世界的権威であり、文部科学省の重点領域研究としての「日本人および日本文化の起源に関する学際的研究」の代表者である。

一九九九年一二月に開始された聖嶽遺跡の再調査は、この重点領域研究の一環としてなされたものである。

したがって、尾本名誉教授が、本件記事に関してどのような認識をもっておられるのかは、原告らにとって、本件裁判を進めるうえで極めて重要な意味を持つのである。

面談が実現したのは、二〇〇二年九月四日である。

尾本名誉教授は、本件に対して深い憂慮の念を抱かれていることを率直に表明された。

ご自身が文春と、その記事の元となる情報を提供した何者かに強い怒りを感じていることを話され、賀川名誉教授が生前に新潟大学に保管されている通称「聖嶽人」の頭骨を鑑定するように依頼に来た際、賀川氏に「私ならすぐに裁判所に訴えますよ」と伝えたことも話された。

尾本氏は、裁判所に対して、陳述書を提出することを快諾された。

尾本名誉教授が大分地裁に提出した九月二五日付の陳述書の結びは、次のように書かれていた。

「いずれにしても、聖嶽遺跡については、現在なお学問的検証が続けられているものですし、賀川先生の私に対するこれまでの対応や、発掘直後の報告書などご本人が書かれた様々な論文から、捏造などしているはずがないと確信しています。捏造などという、学者としては死に値する汚名を着せられた賀川先生の名誉が一刻も早く回復することを願う次第です。」

(四) 結審を迫る

二〇〇二年一〇月八日に開かれた第五回期日は劇的な展開を見せた。

先ず、文春側は、Fなる人物（このF氏は、福岡高等裁判所における控訴審にて、実名で陳述書を提出するに至る）が作成したという「小説　敗北」なる書面を証拠として申請した。一読して賀川名誉教授に対して強い恨みを抱く人物が作成したものと推測されるこの文書は、公刊されたものではなく、この裁判のために、文春がFなる人物に作成を依頼したものと思われる文書であった。しかしながら、事実を立証するのに「小説」と銘打った文書を証拠として申請するのも異例なら、その作成者の姓名を法廷においても明らかにしないというのも異例だった。つまり、どこの誰かわからない者が作成した「小説」を本件記事が真実であるという事実を立証する証拠として申請してきたのである。これは、裁判における常識では考えがたい行為であった。

裁判所は、直ちに、これを却下した。採用したうえで証拠として価値がない、つまり信用できないとして排斥するという方法も考えられたのだが、却下するという決定を選択した裁判所の訴訟指揮に、本件裁判における文春側の応訴態度に対する裁判官らの不信が垣間見えた。

そのうえで、裁判長は、原告被告双方に対し、「他に主張・立証がありますか」と尋ねた。その表情に、結審してもいいのではないかという意図を感じた徳田弁護士は即座に「ありません」と答えた。原告としての遺族の本人尋問をしないままで結審することに一抹の不安はあったが、裁判長の毅然とした態度は、原告側の主張に十分な理解を示していることを推測させたからである。

文春側の代理人である喜田村洋一弁護士も「ありません」と発言した。

双方の発言を受けて、裁判長は「それでは結審します」と告げた。

仰天したのは、文春の代理人である。

「先ほどのありませんと言うのは、本日の審理においては無いと言う意味です」と即座に前言を撤回し、証人申請をしたいと申し出た。

裁判長はこの段階まで、証人申請等を全く行ってこなかった点など文春の応訴態度を非難し、証人を具体的に特定するよう求めた。そこで、文春側代理人は取材記者を証人として申請すると告げたのである。

こうして名誉毀損裁判として異例とも考えられる取材記者の証人尋問が実施されるところとなった。なお、今回の裁判では取材記者もまた「被告」となっているため、厳密には「被告本人尋問」と呼ぶのが正しいが、以下、分かり易いように「証人」ないし「証人尋問」と呼ぶことにする。

この証人申請により、判決は延びることになったが、逆に文春がいかなる取材をしたのか、その真相を明らかにする絶好の機会を与えられたのである。

(五)国会図書館などでの調査

記者の証人尋問を実施することになったので、弁護団はその記者が取材にあたって参考にしたと書面に記載してきた文献に当たってみることにした。

文春記者が参考にした文献として、次のようなものが挙げられていた。『図解・日本の洞穴遺跡』（東京大学出版会）、『図解・日本の人類遺跡』（日本第四紀学会編、東京大学出版会）、『ザ・発掘』（伊万里市歴史民俗資料館）、『埋文さいたま』（埼玉県埋蔵文化財調査事業団編）、『日本の古代遺跡　長崎県ほか』（保育社）、『駿台考古学論集一』（明治大学考古学博物館）、『長崎県文化財調査報告書　第四集』（長崎県教育委員会）、『烏ん枕』（伊万里市郷土研究会）などである。

この調査は東京在住の亀井正照弁護士が東京の国立国会図書館などで行った。中にはどうしても検索できない文献（誤記によるものではないかと思われる）もあったが、大部分の資料にあたることができた。すると、そこに思わぬ事実が判明した。『駿台考古学論集一』（明治大学考古学博物館）には、伊万里市の鈴桶遺跡に関する論文が掲載されていた。この鈴桶遺跡をはじめとして、これから記述する遺跡で発掘された石器こそ、聖嶽遺跡の捏造に使用されたものであるかのように、週刊文春が記述していたものだ。

鈴桶遺跡についての論文には出土石器の詳細図面も付されていたが、そこに記載されている石器全てにおいて、聖嶽遺跡出土の石器と同じ石器は見当たらなかった。とすると、文春記者が本当にこの論文を読んでいたのであれば、聖嶽遺跡出土の石器は、鈴桶遺跡出土の石器を埋め込んだものではない、捏造ではない、という方向に傾くはずの論文だった。

『長崎県文化財調査報告書　第四集』（長崎県教育委員会）は、福井洞穴遺跡に関する調査報告書であった。写真も豊富であったが、同様に、聖嶽遺跡出土の石器と同じ石器は見当たらなかった。

圧巻は『烏ん枕』である。

『烏ん枕』というのは、「伊万里市郷土研究会」という団体が発行した、伊万里市の郷土に関する研究誌である。

その『烏ん枕』の中に、腰岳産の黒曜石に関する記述のある号があった。文春記者は、これを読んだのかと思いつつ、よみ進めていくうちに、疑問が湧き起こってきた。『烏ん枕』には、腰岳産の黒曜石が九州の遠く何百キロも離れたところにまで伝播していたことが、記載されていたのだ。

文春記事では、腰岳から遠く大分の地にまで、腰岳産の黒曜石が伝播していること自体がおかしい、と明確に書いていた。文春記者が、『烏ん枕』を正確に読んでいたのであれば、聖嶽遺跡への疑問のひとつは消えていたはずであった。

文春は多数の文献を読んだ上で記事を書いたとの意図で、参考文献集を提出したと思われるが、こうした文献調査によって、逆に文春の取材活動の杜撰さが明らかになるに至ったのである。

二　証人尋問

二〇〇三年一月二八日、第六回口頭弁論期日が開かれた。

今まで、常に一〇〇人を超す人々が、裁判を傍聴しようと駆けつけていた。そして、この日は、文春記者の証人尋問ということで、これまでにも増して傍聴者が多数詰めかけた。

文春記者の尋問が始まった。

はじめは文春側代理人である喜田村洋一弁護士からの「主尋問」だった。

ここでは、文春側乙一号証（『大分県聖嶽洞窟の発掘調査』春成秀爾編。一九九九年に行われた聖嶽洞穴二次調査の報告書。聖嶽遺跡の旧石器の遺跡としての評価を見直すべきとした。なお、記事が書かれた段階ではまだ執筆中で公表されていない。）を示しながら、春成氏らへの取材によって、この報告書に書かれた内容を記事にしたことの確認がなされた。

それらは全て、文春が主張するところの「聖嶽遺跡は考古学的に無価値なものである」という考古学論争に持ち込むことに終始している。

また、文春側の提出した準備書面などをもとに、取材を尽くした、賀川名誉教授には取材意図を明確に告げた上で取材し、犯人扱いしたことはもちろん犯人探しもしていないとの主張を繰り返した。

これらの尋問は全て、今までの審理で文春側が主張してきたことの繰り返しにすぎず、判決をのばしてまで証人申請をした意義が見えにくいものであった。このように文春側の主尋問は、予想に反してあっさりしたものであった。

鈴木弁護士の尋問

文春側の主尋問終了後、原告側から記者に対する尋問である「反対尋問」となった。トップは鈴木宗嚴弁護士である。

先述のように原告側弁護士による文献調査の結果、記者が参考にしたという文献の中で「烏ん枕」が注目すべき資料であることが判明していた。

文春側は「伊万里市郷土研究会」という団体が発行した『烏ん枕』という郷土研究誌まで読んでいる、このように調査して記事を書いたということを言いたいがために、記者の陳述書添付の参考文献一覧に掲げたのではないかと思われた。鈴木弁護士はその『烏ん枕』について切り込んだ。以下、そのやりとりである。

（鈴木）「これは、いつ、どういう方法で入手しましたか。」

（記者）「伊万里市の歴史民俗博物館〔伊万里市歴史民俗資料館：編者注（以下〔　〕内編者注）〕だったと思いますが、そちらのバックナンバーを見ました。」

（鈴木）「バックナンバー、どれくらいの号数を見ましたか。」

（記者）「はっきり覚えおりませんが、腰岳周辺の遺跡が発掘された当時前後、特に私が参照したのは、間違っているかもしれませんが、四九から五一辺りだったと思います。」
(鈴木)「その、四九から五一辺りの発行号には、どのようなことが書いていましたか。」
(記者)「腰岳周辺の遺跡、平沢良とか鈴桶遺跡の出土の報告があったと思います。」

本当に鈴桶遺跡などの報告が入っていたといえるかどうかは後で亀井弁護士が質問する予定であったので、鈴木弁護士は問題点を絞り込んで行った。

(鈴木)「腰岳産の遺跡〔黒曜石〕が、九州県下の旧石器〔遺跡〕の中からも出土された状況についての報告はありませんでしたか。」
(記者)「覚えておりません。」

鈴木弁護士は、『烏ん枕』四九号を示して聞いた。

(鈴木)「この一枚目、腰岳と黒曜石という中で、『旧石器時代腰岳の黒曜石は石器として、九州一円はもちろん、南は八〇〇キロを距てた沖縄、東は兵庫県、北は南朝鮮東三洞遺跡まで運ばれていた事実がある。』と、こういう記述に目を通したことがありますか。」

（記者）「これは、ほかの雑誌でもしておりました。」

――ほかの雑誌のことを質問したのではない。――

（記者）「たしか、沿海州にもあった。」

――沿海州のことを質問したのではない。それとも、いかに調査をしているか誇示したかったのだろうか。――

（鈴木）「あなたが、その記述に目を通していたかということを確認しているんです。」

（記者）「これは、見たはずです。」

――記者は、旧石器時代において腰岳産の黒曜石が九州はもちろん八〇〇キロも離れたところにまで運ばれていたことを知っていた。――

鈴木弁護士は、この『烏ん枕』の重要な点を読み上げた。

（鈴木）「この中で、『海型、内陸型を含めてわが国の主要な産地をあげるとすれば、旧石器時代における黒曜石供給地として、今日においても豊富な量と質的な優位性から、白滝、和田、隠岐、腰岳の四産地を特定することが出来よう。』と、続いて、『大分県姫島村は、東国東郡にある島であり旧石器時代よりも縄文時代に瀬戸内海を往き交う舟運によって各地の遺跡に黒曜石の石器を見出させている産地である。』と、こういう記述について目を通したことはありますか。」

（記者）「見たと思います。」

（鈴木）「今、私が指摘した内容部分については、読んだ記憶があるということでよろしいですね。」

（記者）「はい。」

——記者は、姫島村の黒曜石は旧石器時代よりも縄文時代に主に流通していたことを知っていた。このことは重要な意味を持ってくる。——

次に、鈴木弁護士は『鳥ん枕』五一号を示して、その重要部分を読み上げて聞いた。

（鈴木）「ここでは、『阿蘇黒曜石は、高校の日本史教科書にもでているのに、実際に使用された範囲は限定されており、今日的には教科書の内容の改訂が必要である。』とあって、『九州産黒曜石のうちもっとも広く分布するのは、佐賀県伊万里市の腰岳の黒曜石である。すでに旧石器時代に大分県清川村の岩戸遺跡や鹿児島県指宿市の小牧遺跡などほぼ九州全域、さらには海をこえて長崎県壱岐の原の辻遺跡にも運ばれている。』と、『腰岳黒曜石はその分布範囲が広いだけでなく、各遺跡での黒曜石石器に占める腰岳産［黒曜石製］石器の割合が高く』と、こういう記述に目を通したことがありますか。」

（記者）「明確には覚えていませんが、目を通したと思います。」

――記者は、阿蘇産の黒曜石は使用された範囲が限定されること、腰岳産の黒曜石は分布範囲が広いだけでなく、各遺跡での黒曜石石器にしめる腰岳産黒曜石製の石器の割合が高いことも知っていた。――

さらに、鈴木弁護士は『鳥ん枕』五二号を示して聞いた。

（鈴木）「ここでも、九州の遺跡の中から出土する石器の大半は、腰岳の黒曜石を使ったものであるという記述がありますが、これに目を通したことはありますか。」

（記者）「目を通したと思います。」

（鈴木）「その中で、分布表が整理されておりますが、『腰岳産黒曜石を使用した遺跡』とあって、旧石器時代の遺跡として、腰岳から直線距離で二〇〇キロメートル離れた宮崎県佐土原町の船野遺跡、そして、鹿児島県の遺跡が三箇所でていますけれども、直線距離で一九〇キロとか二三五キロ離れたところ、そこから腰岳の黒曜石の石器が出土しているという記述に目を通したことはありますね。」

腰岳産黒曜石を使用した遺跡

時代	所在地	遺跡名	腰岳からの距離	使用率
旧石器時代	長崎県吉井町	福井洞穴2,3,4,7層	18Km	56%
	〃　田平町	日の岳遺跡	30	17
	〃　壱岐芦辺町	原ノ辻遺跡	60	
	福岡県筑紫野市	峠山遺跡	70	65
	〃　〃	荻原遺跡	70	
	〃　〃	野黒坂遺跡	70	
	熊本県小国町	下城遺跡	108	
	大分県清川町	岩戸遺跡	158	
	〃　荻町	政所遺跡	138	
	〃　日出町	早水台遺跡	158	20
	〃　本匠村	聖嶽遺跡	186	64
	宮崎県佐土原町	船野遺跡	200	7
	鹿児島県指宿市	小牧遺跡	235	
	〃　溝部町	石峯遺跡		
	〃　鹿児島市	加治屋園遺跡	190	
	〃　〃	加栗山遺跡	235	
	佐賀県肥前町	八斗蒔遺跡		

伊万里市郷土研究会（平成6年3月31日）発行　『烏ん枕』52号より

（記者）「目を通したと思いますが、覚えていません。ただし、二〇〇キロ以上遠く離れたところから出土したことは存じております。」

（鈴木）「知っていますね。」

（記者）「はい。」

（中略）

――聖嶽遺跡以外の九州各地の二〇〇キロ以上遠く離れた旧石器時代の遺跡から腰岳産の黒曜石が出土したことについて、記者は知っていることを認めた。――

そこで、鈴木弁護士は記者が書いた文春第三回目（三月一五日号）の記事をみながら聞いた。

（鈴木）「もっと問題なのは、聖嶽から発見された黒曜石の産地であるとした上で、原産地は直線距離で一八〇キロも離れた腰岳と、それより遠い牟田、大分県内にある姫島や、比較的近い阿蘇山の黒曜石は使われていない、そんな異常極まる出土例は、約二〇〇箇所ある大分県内の旧石器遺跡で、聖嶽以外には皆無なのだという記事をあなたは書いていますね。」

（記者）「そこだけの黒曜石を使ったという。」

はい、と答えるだろうと思われたのに、記者が違う答えをしようとしたので、鈴木弁護士は文春第三回目の記事を示して改めて聞いた。

（鈴木）「ここで、『もっと問題なのは』とした上で、『原産地は直線距離で百八十キロも離れた腰岳と、それより遠い牟田。大分県内にある姫島や、比較的近い阿蘇山の黒曜石は使われていない。』と。これが異常なんだというふうに指摘しているのは間違いないでしょう。」

（記者）「はい。」

――文春は、一月二五日号である一回目の報道では確かに姫島産は縄文時代以降の産地である旨触れているが、三月一五日号では聖嶽遺跡批判の論拠として、旧石器時代として見た聖嶽遺跡に大分県内にある姫島産の黒曜石が使われていないことはおかしいこと、また、大分により近い阿蘇産の黒曜石が使われていないことはおかしいこと、を挙げていた。この点でも文春の記事は混乱している。――

そこで、鈴木弁護士は姫島産の黒曜石の点について聞いた。

（鈴木）「姫島産は、主として縄文時代の産地じゃないんですか。」

――先ほど確認した『鳥ん枕』四九号に記載されていた。――

（記者）「そうですね。」

（鈴木）「しかも、海を通じてのルートでしょう。」

（記者）「はい。」

（鈴木）「旧石器時代［の遺跡］から縄文時代産の姫島の黒曜石が出るのおかしいじゃないですか。」

――鈴木弁護士は、むしろ、文春の批判のほうがおかしいと指摘した。――

（記者）「聖嶽からですか。」

（鈴木）「いやいや、旧石器時代の遺跡から縄文時代産の姫島［縄文時代の姫島産］の黒曜石が出るほうがおかしいんじゃないですかと聞いているんです。」

――より新しい縄文時代の遺物が、より古い旧石器時代の遺跡（包含層）から出土した方がおかしいはずである。このおかしな事態になっていないから、といって文春は聖嶽遺跡を批判しているのだ。そのことを鈴木弁護士は突いているのに、記者は答えない。――

（記者）「聖嶽遺跡の中からは縄文時代の遺跡［遺物］も出ていますよ。」

（鈴木）「だけども、あなたの文面では、旧石器時代の遺跡でということで書いているじゃないですか。」

（記者）「その後に、『すべて黒曜石製で、』とも書いてありますけれどもね。」

――鈴木弁護士は、そういうことを聞いているのではない。――

（鈴木）「記事の内容だけを聞いているんですよ。記事の内容では、黒曜石について、旧石器時代の遺跡から、姫島産の黒曜石が出ないのはおかしいじゃないかというふうに書いているじゃないですか。」

（記者）「その流れで読んでいただけませんでしょうか。」

――流れで読んでも、流れで読まなくても、記事内容が変わるわけではない…。――

（鈴木）「記事は今指摘したとおりでしょう。」

（記者）「その後の記事も流れで読んでいただかないと、ピックアップだけして読んでいただくと…。」

（鈴木）「記事がそう書いてあるのは間違いないでしょう。」

（記者）「ええ、書いてあります。」

（鈴木）「旧石器時代の遺跡の中で、黒曜石として、姫島産とか阿蘇産のものが出ないのが異常だと、そう書いているわけでしょう。読めば、そうでしょう。」

（記者）「そこだけを取り上げられると。流れとして読んでいただきたいんですが。」

（鈴木）「阿蘇山の黒曜石は、産地は限定されているでしょう。」

（記者）「はい。」

――この阿蘇産の黒曜石の使用された範囲が限定されていることも、『烏ん枕』五一号に記載されていたし、記者は読んでいた。とすると、阿蘇産の黒曜石が聖嶽遺跡に使われていないことも、それ自体としては問題はない。――

（鈴木）「大分県下の旧石器時代の遺跡で、姫島産の黒曜石、あるいは阿蘇産の黒曜石が、具体的にどの遺跡から何割出たか、あなたは確認していますか。」

（記者）「確認しておりません。」

――記者はそのような調査もしていないのに、どうして姫島産の黒曜石が出ないこと、熊本産の黒曜石が出ないことをもって、おかしい、と言えるのか。――

鈴木弁護士は、やはり記者の陳述書末尾添付の参考文献一覧に掲載されていた『図解・日本の人類遺跡』を示して聞いた。


（鈴木）「あなたは当然、参照した資料として挙げていますから、読んでいますよね。」

（記者）「はい。」

（鈴木）「この中で、九州で、主要石材として使用されたのは、長崎県の腰岳だと書いていますね。」

（記者）「はい。」


（中略）


――結局、九州における旧石器時代の石材分布として、腰岳産の黒曜石が九州全域に拡がっていたことの記載された資料を、記者は読んでいた。――

（鈴木）「次に、あなたは取材をした際に、発掘当初の調査速報である、洞穴遺跡調査会会報の四、これは入手しておりましたか。」

――遺跡捏造を疑うなら、その遺跡発掘に一番近接した報告書をまず確認するのが筋である。しかし、――

（記者）「取材の時点では入手しておりません。」

――聞き方によっては、取材の時点以後、記事を書くまでの間に入手した可能性のあるような答え方だったので、鈴木弁護士はさらに念を押した。――

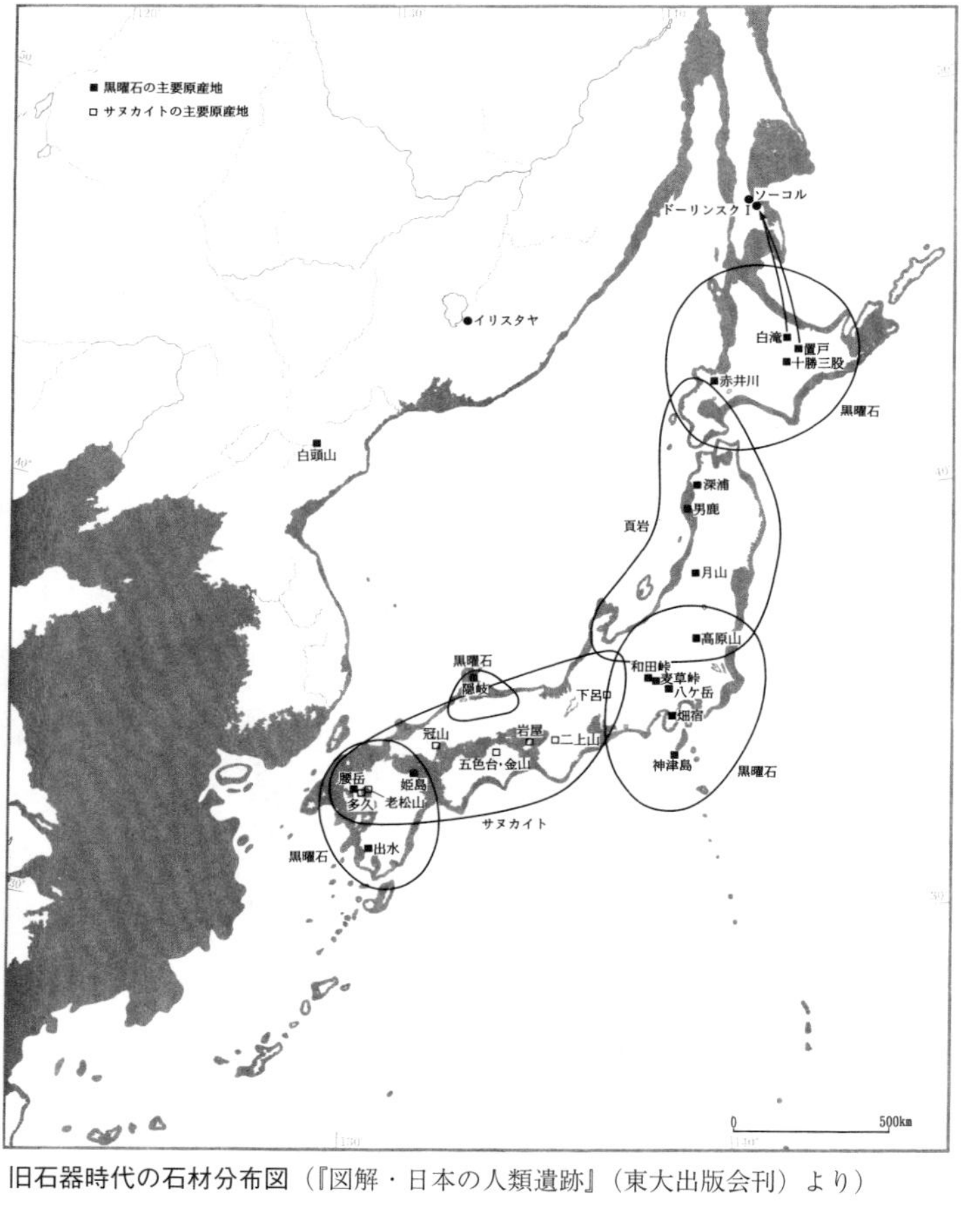

旧石器時代の石材分布図（『図解・日本の人類遺跡』（東大出版会刊）より）

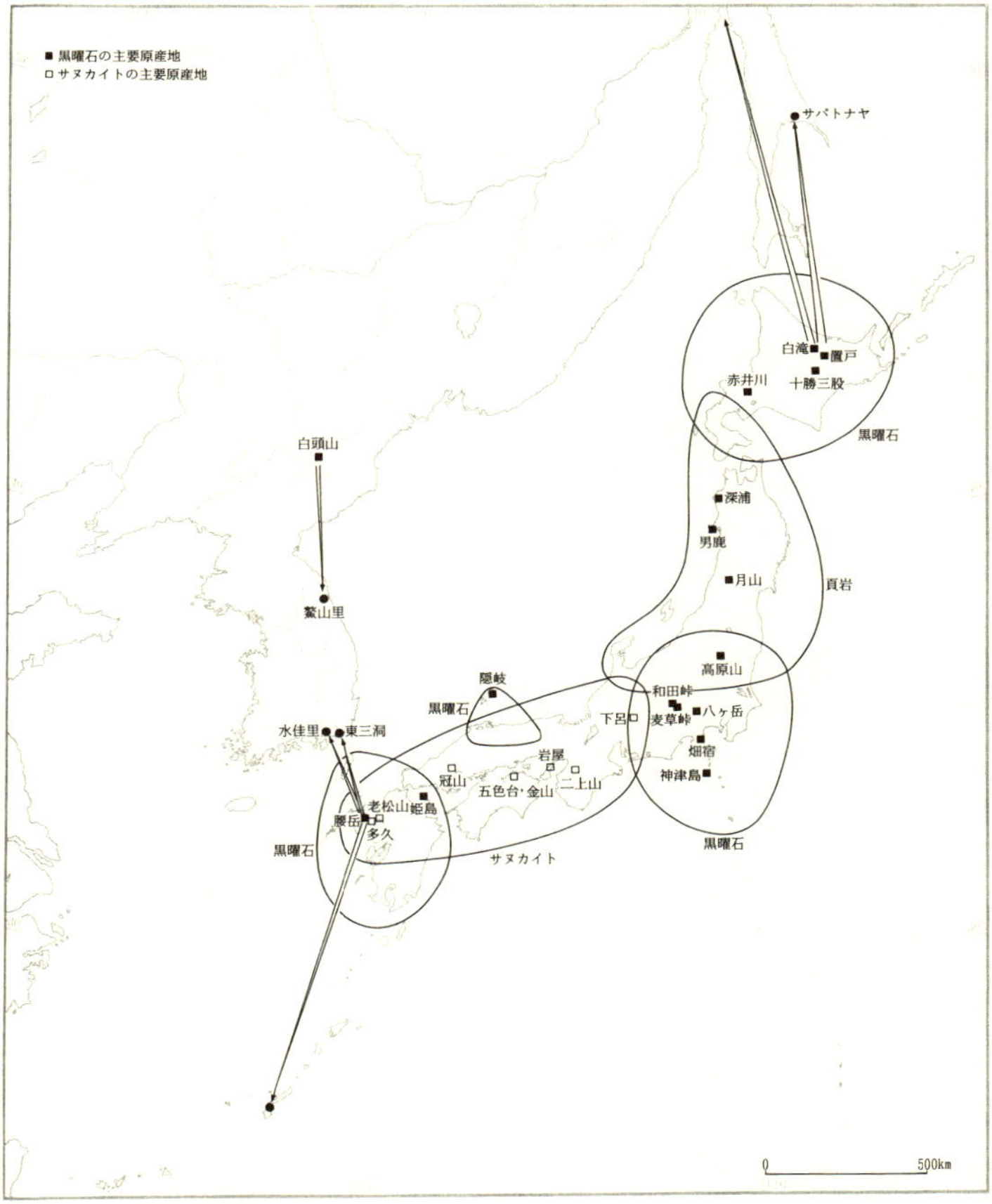

縄文時代の石材分布図（『右同書』より）

（鈴木）「記事を書いた時点でも入手していなかったですね。」

（記者）「はい、そうです。たしか二ページの論文ですよね。」

――報告書は、タイプ印刷で三一文字×一七行、五ページのものである。記者は何を根拠に二ページと言っているのかはわからないが、あたかも短い報告書は価値がなく無視してもよいかのような言い方である。しかし、ここで問題なのはその報告書が二ページかどうかではなく、記事を取材執筆する際に発掘に一番近接した報告書を読んだか、入手していたのかが問題なのだ。――

（鈴木）「いつ入手しましたか。」

（記者）「入手したのは、賀川先生がお亡くなりになった直後ですけれども。」

――取材記者は、第一回目の記事を書いた時点だけでなく、二回目、三回目の記事を書いた時点においても、発掘当初の報告書を入手すらしていなかった。賀川名誉教授が亡くなった後では明らかに遅すぎる。――

（鈴木）「それと、第一次調査団の考古学を専攻した方々は、具体的に何名おられたということだったんですか。」

（記者）「今、即答ができません。」

（鈴木）「名前とか。」

（記者）「…。」

──遺跡捏造を疑うなら、どういうメンバーが発掘に参加していたかは最も重要な関心事ではないか。──

（鈴木）「即答できないなら結構です。次に、第一次調査団のうちの後藤教授に対しては、一回、平成一三年一月一三日に取材していますね。」

（記者）「別府大学でお目にかかりました。」

（鈴木）「それ以降、後藤教授から取材をしていますか。」

（記者）「しておりません。」

──聖嶽遺跡第一次調査に参加した人物で、文春第一回記事にも名前が掲載されていた後藤重巳教授にも、第一回記事の掲載前に取材しただけで、第二回、第三回記事の掲載にあたって、何らの取材もしていない。──

（鈴木）「後藤教授は、第一次調査の際、高校の教師になったばかりであるというふうに、あなたにお話をしておりませんか。」

（記者）「伺いました。」

──後藤重巳教授は、聖嶽遺跡第一次調査の当時、高校の教師になったばかりで、そのことを記者は聞いていた。したがって、第三回記事に掲載された後藤重巳教授が「研究室を持つ人物」でありえず、福井洞穴の石器？　を持ち得ない。そして、そのことを記者は分かっていた。──

鈴木弁護士は、やはり記者が陳述書末尾に添付した参考文献一覧に挙げていた『検証　日本の前期旧石器』を示した。

これは、毎日新聞主催で開かれたシンポジウムの内容を本にしたものだ。その中の石器の問題ではなく、聖嶽遺跡から出土した人骨（頭蓋骨）について、シンポジウムに参加していた馬場悠男氏が疑問を呈していたが、それに対して尾本恵市氏がその疑問に反対意見を表明していた。

ちなみに、馬場氏は、国立科学博物館人類研究部長で、人類学を専門にしている。前述の通り、尾本氏は、東京大学名誉教授、「日本人および日本文化の起源に関する学際的研究」（通称、「尾本プロジェクト」といわれていた）の代表をしている。馬場氏は尾本プロジェクトの一員として、一九九九年の聖嶽遺跡第二次調査にも名前を連ねていた。

（鈴木）「馬場氏の、頭骨の骨が異常に厚い例は、江戸時代の人骨にも一〇〇例に一例くらいの率で存するとの指摘について、尾本先生は、全く納得できない、ネアンデルタール人が最初にヨーロッパで見つかったときに、余りにも形が違うから、病気の骨であるというふうに言われたと。聖嶽の人骨について、DNA鑑定も含めた詳しい科学的検査をすれば、病的に厚い標本であれば、必ず組織学的に原因が分かるわけなので検査をしたいと、こういう発言をしたことをあなたは聞いていますか。」

（記者）「その場所におりましたので、聞いておったと思います。」

――途中退席しない限り、出席していたなら聞いていたはずではないか。聖嶽遺跡の記事を書いていたのだから、このやり取りはなおさら覚えているはずではないか。それを「思います」というのはどういうことか。――

鈴木弁護士はズバリ聞いた。

（鈴木）「尾本先生に、その発言の趣旨等について、あなたは取材しておりますか。」

（記者）「取材しておりません。」

（中略）

――聖嶽遺跡で問題とされたのは、石器と人骨の二点であった。記者は、シンポジウムにおいて、その人骨への疑問とされる点に対する反対意見を聞いていながら、さらに反対意見に対する取材すらしていなかった。しかも、その反対意見を述べたのは、一九九九年の聖嶽遺跡再調査の主催プロジェクト（尾本プロジェクト）の代表者である。そうした重要な責任者に取材することなしに、これで学術的なテーマを報道するときに公正な取材をしたと言えるだろうか。――

河野弁護士の尋問

二番手は河野善一郎弁護士だ。

第三回目の三月五日号には、「『聖嶽遺跡』は別の四遺跡から集められていた」というショッキングな大見出しが付されていた。

「別の遺跡から出土した石器を、聖嶽遺跡に埋め込むという遺跡捏造が行われていた」というように読みとれる見出しだ。その問題点に河野弁護士は切り込んだ。


（河野）「四つの遺跡とは、どことどこですか。」

（記者）「まず福岡県の峠山、それから、腰岳、これは先ほど申し上げました平沢良とか鈴桶とかいうように、どこの遺跡とか指摘することはできませんが、腰岳周辺の遺跡、それから、牟田産の福井洞穴と思われるもの、それから、混入した佐土原の船野です。」

（河野）「峠山、船野、腰岳周辺、そこには鈴桶、平沢良を含む、及び福井、この四個所という趣旨ですね。」

（記者）「はい。」

――「四遺跡」というが、「五つ」ではないのか。①峠山遺跡、②船野遺跡、③鈴桶遺跡、④平沢良遺跡、⑤福井洞穴遺跡、の「五つ」の遺跡名を記事中にあげている。それなのに、見出しの「四つ」とはどういうことなのか。――

河野善一郎弁護士はこの問題にはあえて触れず、問題点を絞り込んでいった。

（河野）「そのうち、峠山と船野遺跡の発掘は、聖嶽の発掘より後に発掘されたものですね。」

（記者）「はい。」

――第三回記事の大見出しは「四遺跡から集められていた」ということであり、四つの遺跡出土の石器を聖嶽遺跡に埋め込んだと読める。それは、聖嶽遺跡の発掘より前に、四つの遺跡発掘が先行しなければ論理的におかしい。しかし、峠山遺跡（七二年）と船野遺跡（七〇、七一年）の発掘は、聖嶽遺跡の発掘（六一年、六二年）よりも時代があとなのだ。つまり、峠山遺跡と船野遺跡出土の石器を、聖嶽遺跡発掘前に埋め込むことなど不可能なのだ。記事では簡単にその事実に触れているが、この大見出しは読者に誤解を与えるに十分な書き方である。――

河野弁護士は、この問題にもあえて触れず、さらに問題点を絞り込んでいった。聖嶽遺跡発掘（予備調査で六一年一〇月）以前に、調査発掘された鈴桶遺跡（六一年八月）と平沢良遺跡（六一年八月）について聞いた。

（河野）「腰岳周辺、すなわち鈴桶、平沢良の石器についてお尋ねいたしますが、あなたの記事の中で、九州に詳しい考古学者が、腰岳周辺遺跡で特徴的なナイフ形石器が聖嶽洞穴の石器の中にもありましたと書いておりますね。」

（記者）「はい。」

（中略）

（河野）「その石器の中で、聖嶽の石器のどれと似てると指摘されましたか。」

（記者）「その中にナイフ形が一点あったはずです。」

（河野）「ナイフ形のどの点が似てるということですか。同一ということですか。」

（記者）「同一ということではありません。その遺跡に特徴的なものであるということを指摘していただきました。」

（河野）「同一のものであるということではなかったのですか。」

（記者）「私は同一とは、どこかの遺跡から出たものがそのまま入っているということは書いた覚えはございません。」

（河野）「じゃ、形が似ているということでしょう。」

（記者）「そうです。」

（河野）「そしたら、その腰岳周辺で産出されたものと同じような種類の形の石器が聖嶽から出たということですね。」

河野弁護士が確認しようとすると、記者は聞かれていないことについて発言した。

（記者）「不思議なことですね。」

聞いてもいないことに「答えた」記者に対して、河野弁護士は咄嗟に反応した。

（河野）「不思議じゃない。さっきから、何百キロも離れたところから入ってると言っているじゃない。」

――別の遺跡から似たような石器が出土しても不思議ではない。それが何百キロも離れた地域間の交易を意味するかもしれないし、記者が事前に検討したとされる資料にもそのことが記載されていたからである。――

（裁判長）「そういう趣旨ですね。」

（記者）「もう一度言っていただけますか。」

（河野）「だから、腰岳から出たのと同じような種類の石器が聖嶽から出たということですね。」

（記者）「はい、そうです。」

（河野）「だから、同一物ということでは全然ないわけでしょう。」

（記者）「はい、そうです。」

（河野）「鈴桶、平沢良のそれぞれ出土した石器についても同じことですね。聖嶽のどの石器が、今言った平沢良や鈴桶のどれと同一かということの調べはしていないんですね。」

（記者）「はい。タイプが似ているという。」


——記者は遺跡捏造を疑い、第二回記事（二月一日号）で断定までした。遺跡捏造と考えたなら、別の遺跡から出土した石器を聖嶽遺跡に埋め込んだのか否かを確認してみようと思わないのか。記者はその確認すらしていなかったのだ。


（河野）「タイプが似てるというだけですね。賀川先生が鈴桶、平沢良の出土した石器を事前に持っていたということは、事前に取材で得られましたか。」

（記者）「得ておりませんし、それも書いていません。」


——記者は石器のタイプが似ているということを取材しただけで、石器の同一性確認をしていなかった。また、賀川名誉教授が聖嶽遺跡発掘前に鈴桶遺跡や平沢良遺跡の石器を持っていたかという確認もしていなかった。「捏造」とは逆の結論が出る可能性のある事については調査・確認を全くしていなかった。――

次に、河野弁護士は「福井洞穴遺跡」の石器について聞いた。福井洞穴遺跡は「四遺跡から集められた」と書かれた中の一つであり、文春が第三回記事（三月一五日号）で具体的に記載した遺跡だ。そして、そこには福井洞穴遺跡に関連する情報提供者として、「考古学関係者」と「別府大学関係者」の二名があげられていた。


（河野）「記事の中で、福井洞穴の発掘に参加した考古学関係者が、聖嶽の細石刃は福井洞穴に出土しているのに極めて似ていると言ったと、こういうふうに書いてますね。」

（記者）「はい。」

（中略）

（河野）「それも、先ほどと同じような意味ですね。似ているという意味ですね。」

（記者）「はい、そうです。」

（中略）

（河野）「要するに、同一物という観点からの確認調査はしてないわけよね。」

（記者）「はい。」

――文春は、福井洞穴遺跡の石器についても、「考古学関係者」に同一性の確認はしていなかった。――


河野弁護士は、「福井洞穴遺跡」の石器を聖嶽遺跡に埋め込んだのではないかと具体的に想像させる文春の記述について聞いた。


（河野）「別府大学関係者が聖嶽の発掘に参加した人物の研究室を訪ねたところ、この細石刃は福井のやつだと自慢気に言って、僕の手のひらに二個載せてくれたと、驚くべき証言をしたと書いてますね。」

（記者）「はい。」

（河野）「その別府大学関係者とは、だれですか。」

（記者）「申し上げられません。」

（河野）「どうしてですか。」

（記者）「ニュースソースの秘匿をさせていただきます。」


（中略）

――憲法上、全ての人には表現の自由が保障されている。マスコミにとっては、ニュースソースが秘匿されなければ、取材の自由、ひいては表現の自由も保障されたことにはならないとして、ニュースソースを秘匿することが認められている。――

（河野）「その人は、Ｆ氏ですか。」

――文春は、Ｆ氏が作成したという「小説　敗北」なる書類を調べて欲しいと裁判所に証拠請求していた。河野弁護士は、その情報提供者が文春の証拠請求したところの「Ｆ氏」か否かを聞いたのだ――。

（記者）「…これは、証拠にも採用されてないものを言う必要があるんでしょうか。」

――この記者の発言は、Ｆ氏が作成したという「小説」が、裁判所によって請求却下になったことを受けている。しかし、自分で陳述書にＦ氏のことを書いておきながら、証言を避けようとしたように受け取れる対応だった。――

（河野）「いや、あなたの陳述書にＦ氏と書いてるよ。証拠に出されたあなたの陳述書にＦ氏が登場します。」

（記者）「そうです。」

（河野）「Ｆ氏ですか。」

（記者）「そうです。」

（中略）

――先ほど、記者は「考古学関係者」に対して、福井洞穴遺跡出土の石器との同一性確認をしていないと証言したが、今度の「別府大学関係者」というF氏についてはどうか。――

（河野）「そのF氏に、二個の細石刃は聖嶽から発掘したどれに当たると聞きましたか。」

（記者）「…あのう。」

（河野）「聞いたか、聞かなかったか。」

（記者）「F氏は。」

（河野）「聞いたか、聞かなかったか。」

（記者）「ちょっと一言だけ言わせていただけませんでしょうか。」

――簡単な質問にどうして答えないのか。――

（河野）「答えてください。」

（記者）「じゃ、もう一度言っていただけますか。」

（河野）「F氏に、聖嶽の発掘品の中のどれと。」

（記者）「F氏は、聖嶽出土の石器については触れておりません。ですから、そういうことは聞いておりません。」

（河野）「じゃ、二個の細石刃を手に載せてくれたと、その二個の細石刃が聖嶽から出た細石刃と一致しているかどうかというのは聞いてないわけ。」（傍点編者）

（記者）「そんなことは書いてありませんけども。」（傍点編者）

――河野弁護士は書いているか否かを質問したのではない。聞いているか否かを質問したのだ。――

裁判長が質問に答えるように促した。

（裁判長）「聞いてないかどうかだけで結構です。」

（記者）「はい、聞いておりません。」

河野弁護士は、半ば呆れたように静かに聞いた。

（河野）「結局、賀川先生の発掘は、全体として第一次調査と言うけれども、細かく言えば六一年の予備調査と六二年の本調査と、二回ありますよね。」

（記者）「はい。」

（河野）「じゃ、その手に載せてくれた二個の細石刃が、予備調査のときに出たものなのか、本調査のときに出たものかなんてことも、そもそも、あなたは調べていないわけね。聞いてもいないわけね。」

（記者）「だから、聖嶽に出土した石器が。」

（裁判長）「いや、いいんです。」


裁判長の介入の雰囲気を感じた記者は自ら答えた。


（記者）「聞いておりません。」

（河野）「聞いてないのね。はい、わかりました。」

――次の質問に入ろうとする河野弁護士を遮るように記者が発言した。――

（記者）「でも、それは誘導尋問ではないでしょうか。」

――裁判長は、抵抗しようとする記者に思わず介入した――。

（裁判長）「なんで誘導なんですか。」

（河野）「あなたは、更に記事の中で、今言った、その別府大学関係者の話を引用するに当たって、取材を進める中で、別府大学関係者が驚くべき証言を始めたといって、引用しましたね。」

（記者）「はい。」

（河野）「何に驚いたんですか。」

――河野弁護士のこの単純な質問に、記者は一瞬動揺したように見えた。――

（記者）「別府大学周辺には、福井洞穴の出土の石器があったと。」

（河野）「それだけなら、別に驚かんでしょう。考古学者が自分が発掘に関係した遺跡の石器を持ってるということ自体は、何も驚かんじゃない。何に驚いたんですか。」

（記者）「…。」

（河野）「答えにくい？」

（記者）「…はい。」

（河野）「考古学者が、発掘した石を持っていること自体、何も驚かんじゃないですか。」

（記者）「…そうですか。」

（河野）「それが、聖嶽から出たのではないかと思わせるから驚いたんでしょう。」

（記者）「…それは書いておりません。」

――しかし、第三回記事（三月一五日号）に「では、聖嶽で最初に発見された石器は、どこの遺跡から出土したものなのか。」と記載している。これは、別の遺跡から出土した石器を、聖嶽遺跡発掘前に入れ込んでいたと思っているからこそ書いた文章ではなかったのか。――

（河野）「書いたかどうかじゃない。あなたは何に驚いたかを聞いてるんです。驚くべきと書いてるから。」

（記者）「…。」

（河野）「捏造を疑わせると思ったから、驚いたんでしょう。」

ここで、被告代理人の弁護士が立ち上がった。

（林）「異議があります。先ほどの被告本人は既に何に驚いたかは答えております。ですので、今の尋問は重複しておりますし、誤導です。」

記者が困っている様子だったので、助けようとしたのかもしれない。しかし、すかさず原告代理人の徳田靖之弁護士が反論した。

（徳田）「質問にまともに答えてないです。」

（裁判長）「ええ、答えてないですね。」

――裁判長は徳田弁護士の発言に同意した。裁判長に促されるように、記者は証言を再開した。――

（記者）「その周辺には石器があったということは、私どもは賀川先生とは聞いておりませんが、先ほど申し上げましたように、賀川先生に手柄を立てさせようとか、そういう人たちがいる可能性があるということを聞いてまして、その別府大学の周辺に既に福井洞穴の石器があったということは、その周辺でも用いる可能性があるという。」

（河野）「それに驚いたという趣旨ですか、今言った内容は。」

（記者）「はい。」

（中略）

（河野）「まず二個、その研究者が手に載せてくれた、それは驚くべきことだったといって、あなたは驚いたんだから、その研究者の何に驚いたんですか。」

（記者）「それは、石器があったことです。」

（河野）「あったことは、当たり前じゃない。考古学者が遺跡から集めて石器を持っていることくらいは。」

（記者）「…。」

（河野）「その二個の石器を入れ込んだのではないかと、あなたは思ったから驚いたんでしょう。」

（記者）「そういうことは、書いておりません。」

（河野）「思ったかどうか。」

（記者）「思っておりません。」

――記者は、実質的に賀川名誉教授が遺跡捏造をしたとは思っていなかったという趣旨の発言をした。原告側も当然賀川氏が遺跡捏造などするはずがないと確信している。しかし、一連の週刊文春の記事では、明らかに、事実上賀川名誉教授を犯人視しているように読める。河野弁護士はこの点に明らかな矛盾を感じていた。――


（河野）「何事も隠さずと、あなたは最初、誓ってるのよ。言ってください。それは取材源じゃないんだから。」

（記者）「申し上げられません。だれかと指摘するつもりもありませんでした。」

（河野）「不自然だね。その別府大学の研究室の研究者とは、Fから、だれと聞いたんですか。」

（記者）「申し上げられません。」

（河野）「F氏は、だれと言ったのですか。聞いたですか。」

（記者）「指摘するつもりは。」

（河野）「裁判長、促してください。」

（裁判長）「言えないのは、なぜですか。」

（記者）「その人を指摘するつもりはなかったからです。だれかが持ってたとか、その人が聖嶽に持ち込む可能性があったということを指摘したくなかったからというか、におわせたくなかったからです。」

（裁判長）「それだけで言わないんですか。」

（記者）「はい。」

（河野）「まず、Ｆ氏に聞いたの。」

（記者）「聞きました。」

（河野）「そのＦ氏は答えたの。」

（記者）「答えました。」

（河野）「実名を挙げたんですね。」

（記者）「はい。」

――記者は、Ｆ氏から、別府大学の研究室で福井洞穴の石器を見せてくれたのが誰かという実名を聞いていた。――

（河野）「だれですか。」

（記者）「申し上げられません。」

（河野）「どうしてですか。」

（記者）「それは、先ほど申し上げたとおり、その人の名前を書くことによって、その人が混入した可能性を読者に持たれてはいけないと思ったからです。」

（河野）「では、その人が混入したかもしれないという疑いを読者に持たせる可能性がある話だったわけね。」

（記者）「そういうことは、言っておりません。」

（河野）「その当時、別府大学の考古学の教授で、研究室を持ってると言ったら、賀川先生しかいないじゃない。」

（記者）「教授とは書いておりません。」

（河野）「発掘に参加した人物の研究室と書いてますね。」

（記者）「はい。」

（河野）「それは、間違いないでしょう。」

（記者）「はい。」

（河野）「当時、聖嶽の発掘に参加した人物で、別府大学の関係者はだれがいましたか。賀川先生と後藤さんでしょう。」

（記者）「名前は、申し上げたくありません。」

（河野）「後藤さんは、発掘当時は、高校の先生ですね。」

（記者）「だったと思います。」

――鈴木弁護士の質問に対し、記者は、後藤重巳教授から、当時、高校の教師になったばかりだったことを聞いていたと、認めている。――

（河野）「では、研究室を持ってる人は賀川先生しかいないじゃない。」

（記者）「そうでしょうか。」

（河野）「違う可能性はありますか。」

（記者）「…。」

――記者は答えられない。――

（河野）「言ってごらん。ほかにだれが。」

（記者）「名前を挙げては、申し上げられません。」

（河野）「いや、研究室を持ってる人ですよ。」

（裁判長）「ほかに持っている人の可能性はありますかという質問です。」

（記者）「これも先ほど申上げましたように、だれかということを特定したくないという気持で書きました。」

（河野）「結局、そういう捏造をしたという根拠がないから、あなたは書けなかったんでしょう。」

（記者）「捏造したと書いてありません。」

（河野）「あなたが、先ほどから聞いてる話をつなげればね。」

（記者）「つなげれば。」

（河野）「うん。読者は、そうやって読むのよ。」

（記者）「…そうでしょうか。疑問です。」

（河野）「読者から見れば、この研究室の人物が二個の石を聖嶽に混ぜ込んだというふうに受け取るんではありませんか。」

（記者）「そうは思わないと思います。」

――週刊文春の記事を読むと、聖嶽遺跡は「捏造」だ、「捏造方法」は別の遺跡から出土した石器を聖嶽遺跡発掘前に埋め込むという方法だった、その別の遺跡の石器を賀川名誉教授が聖嶽遺跡発掘前に持っていた、だから、賀川名誉教授が「捏造犯人」だ、と一般読者には読める。週刊文春によると、そのような読み方を一般の人はしない、賀川名誉教授が捏造したとは思っていなかった、と主張しているわけだ。これが、著名な週刊誌の実態だった。また、先述のように取材源の秘匿は認められる。しかし、その取材源の話を記事に利用しながら、取材の場で聞いた内容を証言しないことは取材源の秘匿にはあたらない。

亀井弁護士の尋問

三番手は、亀井正照弁護士だ。亀井弁護士は二点だけ確認した。

（亀井）「あなたは、先ほど聖嶽の一次調査でピンポイントで石器が出てきたというふうに証言されましたね。」

――第一次調査のときにピンポイントで掘ったところでズバリ石器が出土した、といえば、いかにも埋め込んだ人が掘り出したかのような話に聞こえてしまう。誤解と予断を与えるような文春側の主尋問での証言を亀井弁護士は修正させようとした。――

（記者）「はい。」

（亀井）「ピンポイントで出てきたというふうな言葉を書いている文献というのは、あったんでしょうか。」

（記者）「奥行き五〇メートル。」

――記者は、またもや関係ない証言をしようとした。――

（亀井）「あったんですか。」

（記者）「ピンポイントという言葉ですか。」

（亀井）「ええ。」

（記者）「それに似た表現はあったと思います。ピンポイントという言葉はありませんでした。」

――弁護団で文献を検討したが、「ピンポイントで石器が出てきた」と記載された文献は見当たらなかった。聖嶽遺跡の第一次調査で「ピンポイントで石器が出土した」という表現は誤りだったのだ。――

次に、記者自身が作成した「陳述書」の末尾に添付された「聖嶽洞穴の取材において私が参照した資料」という書面に基づいて質問した。弁護団では記者の「陳述書」に添付された文献資料を調査していた。週刊文春第三回記事には「『聖嶽遺跡』は別の四遺跡から集められていた」との大見出しが出ていたわけだが、その「別の遺跡」のうちの「鈴桶遺跡」に関する文献がどこにも見つけられなかったのだ。

（亀井）「末尾の参考資料ですが、この文献の中に、鈴桶遺跡に関する文献、ありますか。」
（記者）「文献ですか。」

——「別の遺跡」のうち、「平沢良遺跡」については参考資料の中に論文があったし、「福井洞穴遺跡」については写真の豊富に掲載された報告書があった。そのようなものが鈴桶遺跡について文献があったのか聞いた。——

（亀井）「この中に鈴桶の論文とか写真集とか、ありますか。」
（記者）「…資料としてはありますが、論文としてはないかもしれません。」
（亀井）「資料はどれですか。」
（記者）「鈴桶は…烏ん枕はあったと思いますが。それから、明治大学考古学博物館。」

——弁護団において、東京の国会図書館所蔵の『烏ん枕』各号を検討したけれども、鈴桶遺跡の当初の発掘に関する資料を見つけることはできなかった。遺跡捏造を疑い、鈴桶遺跡の石器を聖嶽遺跡に埋め込んだことを疑うなら、聖嶽遺跡発掘以前の鈴桶遺跡の報告書を検討するはずではないのか。『烏ん枕』には昭和五九年ごろの行政調査に関する記述があるだけで、発掘のときの記述を見つけられなかったのだ。——

（記者）「…。」

（亀井）「そうすると、資料として、烏ん枕に鈴桶の遺跡のことが書いてあったということですか。」

（亀井）「烏ん枕にあったのは、昭和五九年ごろの行政調査の鈴桶の遺跡の話じゃないですか。」

（記者）「…すみません。このリストだけ見てすぐ指摘することはできませんが、伊万里の歴史民俗博物館が集めた資料と、明治大学の考古学博物館で調べた中にあったと思います。」

（亀井）「これがそうだと断言できないわけですね。」

（記者）「すみません。できません。」

——実は、弁護団として、東京お茶の水にある明治大学の考古学博物館にも足を運んでいた。しかし鈴桶遺跡に関する展示資料は確認できなかった。文春は、「『聖嶽遺跡』は別の四遺跡から集められていた」との大見出しまで付けている。しかしながら「別の四遺跡」のうちの一つである鈴桶遺跡のことを検討していたことは全く窺われなかった。名指しした遺跡について、きちんと検討することなしに、週刊文春は遺跡捏造を断定までしていたことが判明した。

徳田弁護士の尋問

最後が徳田靖之弁護士だ。

初めに記者自身が書いた陳述書を示して聞いた。

（徳田）「あなたの陳述書の二ページの二行目から三行目にかけて、捏造事件という言葉が使われているんですが、あなたが遺跡の捏造という場合には、あらかじめ自分が埋めておいたものを後で発掘したと称して業績にしようとする行為と、こういう意味で使っていると伺っていいですか。」

（記者）「それも、捏造の一つだと思います。」

――記者は逃げようとしていた。「遺跡の捏造」の意味は明らかなことではないか。それをはぐらかそうとする文春の姿勢がここでも見られた。――

徳田弁護士は重ねて聞いた。

（徳田）「ほかに、捏造というのはどんなものがあるんですか。」

（記者）「データの捏造であるとか、逆にマイナスになるようなデータを隠すことですとか、あると思います。」

――徳田弁護士の質問は、本件記事にかかれた「遺跡の捏造」の意味について聞いていることが明らかである。それに対して記者は一般論で答えることで、質問に正面から回答することを避けた。――

そこで、徳田弁護士はズバリ聞いた。

（徳田）「遺跡の捏造という場合に、あなたがこの週刊誌の記事を書かれたときに、遺跡の捏造という言葉を使ってますけれども、それはこの藤村氏がやったようなことを一応指すと、こう伺っていいですかね。」

――それでも、証人は正面から答えない。――

（記者）「イコールではありません。」

――あくまでも逃げようとする証人に、徳田弁護士が強く聞いた。――

（徳田）「ほかに、どんなことがあるんですか。」

（記者）「私どもは、最初から申し上げておりますように、犯人捜しが目的でなく、分からないですから、遺跡がだれかの手によって作られたということを捏造された遺跡という意味で表現いたしました。」

――遺跡の「捏造」という言葉は、もともと遺跡ではないものを、誰かの手で、人為的にあたかもそれが遺跡であるかのように作り出す行為を指すのである。江戸時代や鎌倉時代に、昔の人が石器を石器とは知らずに土中に混入させたような行為は「捏造」とは呼ばない。このあたりまえのことを答えさせるのに、原告側は何度も質問を繰り返さなければいけなかった。――

次に、徳田弁護士は聞いた。

（徳田）「あなたの今回出された陳述書を見て、私どもが一番驚いたのは、既に一月一五日の時点で、聖嶽遺跡は捏造だということが方針として決まったとあなたは書かれたんですよね。」

（記者）「はい。」

――一定の資料を目にしていたにしても、取材のごく初めの時期に、既に聖嶽遺跡は捏造だと積極的に認定し、それで方針が決まっていたことを河﨑記者は自分の陳述書で書いていた。――

（徳田）「間違いないですか。」

――徳田弁護士が確認しようとすると、記者の証言はぶれてくる。――

（記者）「遺跡は捏造であると決まりました。可能性が高いと決まりました。」

――「捏造である」と断定した直後に「可能性が高い」と付け加えたのだ。――

（徳田）「いや、いや、いや、あなたは可能性が高いなんて言ってないのよ。だから、驚いたんです。あなたの書いたところを見せましょうか。七ページ、〝このアドバイスで、『聖嶽遺跡は捏造された遺跡である』という方針を最終的に決めました。〟と。あなたも文筆家だから、自分の書いたものに責任を持ってください。可能性なんて全く書いていないでしょう。」

（記者）「…確かに、この私の文章には書いてございますが、当初、方針として決まったのは、捏造された遺跡としてしか考えられないという方針が決まったというのが事実です。」

――記者は、他の可能性を吟味して消去法で捏造しか考えられないと判断したという。当初から捏造と積極的に認定したのではなく、「捏造された遺跡としてしか考えられない」と消極的に判断したのだと軌道修正してきた。――

（徳田）「それが事実なら、なぜ、この裁判の証拠として出す陳述書に、聖嶽遺跡は捏造された遺跡であるというふうに書くんですか。」

（記者）「間違えたと思います。」

――天下に名前を知られた週刊文春の記者が、裁判所の証拠として出す書類に書いた文章が、こうも簡単に否定されてよいものだろうか。――

（徳田）「少なくとも、この一月一五日で決定された基本方針に基づいて、第一回の記事は書かれたんですね。」

（記者）「はい、そうです。」

（徳田）「そうしますと、第一回の記事に、見出しとして掲げられた〝第二の神の手〟、それから、この本文も、要するに聖嶽遺跡は捏造であるという方針に基づいて書かれたものと、こう理解していいですね。」

（記者）「としか考えられないという、正に、おっしゃったとおりです。」

――遺跡捏造と積極的に認定したか、消極的にそういう判断になったかという点はさておいたとしても、本件報道は、初めに方針ありきの報道だったのだ。一定の資料を目にしていたにしても、取材のごく初めの時期に、既に方針が決まった報道だったのだ。事実を一つ一つ積み上げげて真実は何か探り出そうという姿勢を週刊文春に感じ取ることができないのは、我々だけであろうか。――

記者は、一月一一日という初期の段階で、賀川名誉教授に一度取材しただけで、あとは全く取材していなかった。三回にわたり記事を掲載しても、賀川名誉教授には二度目の取材をしなかった。賀川名誉教授から抗議を受けても取材しなかった。

それは一体、なぜか。徳田弁護士はここに切り込んだ。

（中略）

（徳田）「賀川先生を取材した後に、週刊文春の聖嶽遺跡に関する第一回目の記事が〝第二の神の手〟というふうな見出しの下に掲載をされたんですが、あなたは、賀川先生に直接取材したものとして、この記事を賀川先生がどんな思いで読んだか、想像されましたか。」

（記者）「…どう思われたか、事前に掲載してもいいですかという了解を取っておりましたので、そこまでは思い至りませんでした。」

（徳田）「賀川先生がこの記事をどんなふうな思いで読むかということは思わなかったということですね。」

（記者）「はい。」

（徳田）「怒って抗議してくるのではないかとは思いませんでしたか。」

（記者）「可能性としては、あったと思います。」

徳田弁護士は、賀川名誉教授が文春宛に出した抗議文を証人に示して聞いた。

（徳田）「これは、二〇〇一年二月六日に賀川先生が書留郵便で週刊文春に出した文書ですが、御存じですか。」

（記者）「はい、存じております。」

（中略）

――記者は賀川名誉教授からの文書を、文春に到着した当日か翌日ころには見たという。――

（徳田）「ここには、不愉快な記事を二度にわたり掲載され、学究生活と、楽しみにしていた余生を台なしにされた、この辱めは忘れません、と書いてありますが、あなたは、これを抗議と受け止めなかったんですか。」

――徳田弁護士が抗議文をどう受け止めたのか聞くと、記者は迷走する。――

（記者）「それについては、編集長が正式な抗議とは受け取っておりませんということを申し上げております。」

――週刊文春の編集長の認識を聞いたのではない。――

（徳田）「あなたに聞いているんですよ。あなたは。」

（記者）「編集長と同じでございます。」

（徳田）「じゃ、あなたは、辱めは忘れませんという、この文章を読んでも、抗議とは受け止めなかったということですか。」

（記者）「…そこだけでしょうか。」

（徳田）「そこだけでいいですよ。」

（記者）「…抗議とは思いました。」

（徳田）「思ったでしょう。」

（記者）「はい。」

――記者が賀川名誉教授の抗議文を読んで抗議と思った、との結論にようやく辿り着いた。――

（徳田）「そうすると、あなたが考えていた意図と、賀川先生の受け取り方が違うとか、あるいは賀川先生にもう少し自分たちの編集意図を説明しようとか、この文書を受け取って、そう思わなかったんですか。」

――記者は賀川名誉教授を捏造犯人とは思っていなかったというが、他方、賀川名誉教授は辱めを受けたとして抗議文を送った。このギャップについて、記者は賀川名誉教授に説明しよう、申し開きをしよう、あるいは言い分を聞こうとは思わなかったのか。しかし、徳田弁護士の質問に、証人は正面から答えない。――

（記者）「それにつきましては、その下に〝春成秀爾先生にお尋ねの上、確かなお答えを下さい〟とありますですね。」

（徳田）「私が質問しているのは、この文書に。」

（記者）「賀川先生にお尋ねする意図はありませんでした。」

（徳田）「そうすると、この文章を読んでも、賀川先生に自分たちの取材意図を説明しようとか、更にどの点に怒っているのか取材してみようとか、全く思わなかったんですね。」

（記者）「取材意図については、最初に説明をしております。」

（徳田）「私の質問に直接答えてください。」

――徳田弁護士の質問は、取材意図を説明したか否かではない。しかし、証人の答えはずれたままだった。――

（記者）「最初の質問に対しては、しておりますということで、怒りになっていることにつきましては、〝春成秀爾先生にお尋ねの上〟ということでございましたので、この文書が来る前に、シンポジウムのときに春成先生にお尋ねしております。」

（徳田）「私が聞いているのは、あなたは、賀川先生に会おうとか、取材しようとは思わなかったかどうかですよ。」

（記者）「思いませんでした。」

――マスコミとしては、記事の対象者から抗議文を受け取り、相互の認識にズレがあることがわかったら、普通、対象者に会って説明をしようとか、あらためて取材しようと思うのではないだろうか。――

二〇〇一年一月二一日に東京において東北の捏造事件をきっかけに前期旧石器問題を検討するシンポジウムが開かれた。そこで、当初、聖嶽遺跡を発掘した直後の「大分県聖嶽洞穴調査報告」（日本考古学協会洞穴遺跡調査特別委員会会報）で、賀川名誉教授が、石器の出土状況等について疑問を提示していたこと、それは春成氏と同趣旨の疑問だったということが、春成氏から明らかにされていた。そこで、徳田弁護士は聞いた。

（中略）

（徳田）「この春成先生の発言は、あなたにとって、この時点で初耳だったでしょう。」

（記者）「いえ、聞いております。」

――意外な回答が返ってきた。記者は、賀川名誉教授自身が当初の発掘直後に石器の出土状況に疑問を提示していたことを、一月二一日まで知らなかっただろうと原告側は思っていたからだ。――

（徳田）「だれから聞いてましたか。」

（記者）「春成先生から聞いてます、その前の取材で。」

――一月二一日のシンポジウムより前に、しかも春成氏への取材で、当初の発掘直後の報告（以下のやり取りでは「速報」とも表現している）の存在を知っていたというのだ。――

（徳田）「そうすると、あなたは、その洞穴遺跡調査会会報があるということは知っていた。」

（記者）「ノートを見ましたら書いてありましたので、名前は知っていたと思います。」

——具体的根拠まで明らかにした。自分は十分な取材をしたのだということを言いたかったのだろうか。——

（徳田）「あなたは、春成先生と電話取材したのは、一月六日ですね。」

（記者）「はい。」

（徳田）「その時点で、もう聞いてたんですか。」

——ところが、証人は証言を二転三転、迷走する。——

（記者）「聞いていたと思います。聞いていたはずです。もしかしたら勘違いかもしれません。そのシンポジウムのときに聞いたのかもしれません。」

——具体的根拠まで明らかにして、一月六日に名前を知っていたと言いつつ、言葉を発するごとに、曖昧になり、最後は一月二一日だったかもしれないという。——

（徳田）「何を言っているんですか。ついさっき証言したことを、もう撤回するんですか。」

——傍聴席も、大きくうなづいた。——

（徳田）「あなたは、賀川先生に取材をしたときに、聖嶽遺跡発掘直後の速報のことを全然質問していないでしょう。」

（記者）「…発掘直後の何ですか。ごめんなさい。」

（徳田）「速報。」

（記者）「しておりません。」

――証人は動揺しているようだ。――

（徳田）「もし、あなたが一月六日の春成先生の電話取材でそのことを聞いていたんなら、この報告書のことを、あなたが質問しないはずがないでしょう。」

（記者）「…同様の趣旨は『日本の洞穴遺跡』〔日本考古学協会洞穴遺跡調査特別委員会編、一九六七年〕に書いてありましたので。」

――動揺していたにしても、証人はどこを向いて答えているのか…。――

（徳田）「私の質問ですよ。この報告書、これは、春成先生の発言で、あなた、初めて知ったんでしょう。」

（記者）「報告書は、知りました。はい、そうです。」

（徳田）「そういう報告書があることを知ってからも、あなたは報告書を読みませんでしたよね。」

（記者）「はい。」

――聖嶽遺跡の捏造を疑うなら、どうして発掘直後の報告を読まないのか。――

（徳田）「春成先生が、自分と同じような問題意識だというふうに発言をしていますが、いったい何が書いてあるのか、賀川先生が発掘直後にどんな点に疑問を持ったのか、そういうことを、あなた、全然賀川先生に聞いてないでしょう。」

（記者）「…その速報に即しては、聞いておりません。」

——では、速報に即していない形なら、賀川名誉教授の抱いた疑問について聞いたとでもいうのか。——

（徳田）「先ほど賀川先生について二つの側面があるというふうな証言を主尋問でしておられましたが、この報告書をあなたはその後に読まれたでしょうが、その後に発掘直後にこういうような疑問を持った後、賀川先生はそれについてどんなふうに検討したのかということも、質問してませんよね。」

（記者）「…検討…先生からは、ずっとその見直しの必要があるというようなことを聞いておりました。速報に即しては、聞いておりません。」

——徳田弁護士は、速報に即して聞いたか否かを聞いたのではない。見直しの必要を聞いたか否かを聞いたのでもない。賀川名誉教授が当初の発掘の直後に抱いた疑問について取材したのかを聞いたのだ。——

なお、逃げようとする証人に、徳田弁護士は具体的に質問した。

週刊文春の第二回目の記事を示した。

（徳田）「この第二回目の記事では、〝大分『聖嶽人』はやはり捏造である〟という見出しで断定をされてまして、先ほど説明をしておられましたが、一月二一日のシンポジウムで公式に捏造を認めたと言っていいと、あなたは書いてますよね。」

（記者）「はい。」

（徳田）「このような、言わば、捏造と今度は記事の上でも断定をしているわけですが、この記事を書く段階では、もう報告書の存在を知っていたわけですね。」

（記者）「はい。」

（徳田）「その上で、捏造だと断定する記事を書くに当たって、賀川先生に、発掘当時の疑問点について取材をしようとはしなかったんですね。」

（記者）「賀川先生が、当事者とは思いませんでしたので。」

――賀川名誉教授が当事者とは思わなかった、捏造犯人とは思わなかった、ということが取材をしない理由として認められるとでもいうのか。――

（徳田）「賀川先生は、発掘責任者でしょう。いいですか。あなたは、捏造と断定をする記事を書こうとしたんですよ。そして、その記事を書く際に、賀川先生が発掘直後に疑問を呈していたという報告書があるということを、あなたは知ったんですよ。」

（記者）「はい。」

(徳田)「それにもかかわらず、賀川先生に聞いてみようとしなかったわけですよね。」

(記者)「…その時点では、そうです。」

(中略)

──ようやく、記者は認めた。しかし、「その時点では」聞いてみようとしなかったというだけでなく、それ以後も聞いていない。遺跡の捏造を疑うなら、当初の発掘当時に既に疑問を抱いたという人物の取材は最重要なポイントのはずである。週刊文春は、この質問すら賀川名誉教授にしなかった。──

徳田弁護士は、週刊文春第三回目の記事を記者に示して質問した。第三回目の記事は、問題が多いもので、賀川名誉教授の背中を押したのではないかと思われる報道である。第三回記事には取材対象として「福井洞穴遺跡の発掘に参加した関係者」「九州に詳しい考古学者」「F」などが登場している。徳田弁護士は、Fなる人物について質問を始めた。

(徳田)「あなたの陳述書を見ますと、何月何日にだれに会ったということは極めて具体的に書かれているんですが、Fなる人物に会った時期だけ二月下旬から三月上旬というふうに書かれて特定をされていないんですが、これは何か理由があるんでしょうか。」

（記者）「時間、場所等を正確に記入すると、ニュースソースの秘匿性が侵されるおそれがありますので。」

――予想された「取材源の秘匿」を理由とする証言拒否だ。しかし、それでも会った時期すら特定できないというのはどういうことか。――

（徳田）「会った時期を特定しただけでだれか分かるような、特殊な人なんですか。」

（記者）「申し上げられません。」

（徳田）「このFさんという人、先方から連絡してきたんですか。」

――取材に至る経緯だけでも聞こうとした。――

（記者）「…申し上げられません。」

（徳田）「第三者の紹介なんですか。」

（記者）「申し上げられません。」

――Fなる人物の発言の信用性を判断できる材料は何一つ出されなかった。――

（徳田）「先ほどから証言拒否を連発してますが、取材源を秘匿するためであれば、証言を拒否されることについて、私どもも最大限尊重したいと思いますが、あなたが拒否している理由は、全部取材源の秘匿とは直接関係ないですよ。」

（記者）「このF氏に関しては、本人が承諾されませんでしたので、申し上げることはできません。」

――証人はここではじめて別の理由を述べた。――

（徳田）「そのくせ、あなたは、陳述書にも、その週刊誌の記事にも、Ｆさんの発言は最大限に使っているじゃないですか。」

（記者）「使っております。最大限かどうかは別問題です。」

（徳田）「それでいて、向こうから連絡してきたのか、あるいは第三者が紹介してくれたのかも明らかにできないんですか。」

（記者）「本人の承諾が得られませんでした。」

――これではＦなる人物の供述の真偽を検証することなどできないではないか。全く検証不能な状況で、その報道を信じることなどできようか――。

徳田弁護士は、第三回記事の中の「別府大関係者」の「驚くべき証言」として「聖嶽の発掘に参加した人物の研究室」の話に切り込んだ。当時、別府大学で研究室を持っていたのは賀川名誉教授以外にはいなかったのだ。まず、証人は「聖嶽の発掘に参加した人物の研究室」を特定しようとはしなかった点について聞いた。

（徳田）「あなたは、先ほど、この甲第四号証の記事の中の、聖嶽の発掘に参加した人物の研究室を特定することをしなかったんですけれども。」

（記者）「はい。」

（徳田）「賀川先生が亡くなられた後、遺族とあなたと編集長を交えて、話合いをしたことがありますね。」

（記者）「あります。」

（徳田）「その話合いの内容は、遺族が録音テープに取っていたことを知っていましたか。」

（記者）「はい。言われましたので。」

――弁護団は、遺族と週刊文春との会見テープの内容を把握していた。――

（徳田）「その会話の中では、あなたは、この発掘に参加した人物の研究室と書かれている、この人物は賀川先生であるということを明らかにしたじゃないですか。」

（記者）「そうでしょうか。その賀川先生である可能性もあるみたいなことを、違いますか。ごめんなさい。今はっきりとは覚えておりませんけども。」

（徳田）「あなたは、賀川先生が福井の洞穴から出た石器二つはここにあると弁明すれば済んだはずだと、反論をしてますよ。」

（記者）「そういう意味で申し上げたのではありません。そのとき、私が間違いなければ、もし、賀川先生がその人物だとすれば、こうやって、まだあるんだよと見せれば、それは自分ではないという、はっきりとした証明になるんじゃないですかということは申し上げたと思います。」

（徳田）「それで結構です。」

――証人が、賀川名誉教授が弁明すれば足りるという趣旨のことを、遺族との会見で述べていた。――

（徳田）「あなたは、Ｆさんから名前は聞いてたんですよ。その人物がだれかという名前は聞いてたんですよ。そして、遺族との間でそういう趣旨の会話をしたと、こういうことですよね。よろしいですね。」

（記者）「私は、それは言っておりません。」

――証人はまだ頑強に抵抗しようとする。――

（徳田）「そこで、あなたは、Ｆさんから名前を聞いたんですよね。」

（記者）「聞きました。」

――証人は、Ｆなる人物から研究室の人物の名前を聞いていた。そのことは、河野善一郎弁護士の尋問で明らかにされている。――

（徳田）「その情報の真偽について、裏付けは取りましたか。」

（記者）「…取っておりません。」

（徳田）「賀川先生に確認はしましたか。」

（記者）「…賀川先生にする必要、この流れから行きますと、よく分かんないんですけど。」

——正面から答えない証人の態度に裁判長がしびれをきらして聞いた。——

（裁判長）「賀川先生に確認したかという質問です。」

（記者）「したかしないかということでは、しておりません。」

——徳田弁護士はさらに追及した。——

（徳田）「電話でもいいいし、三月五日、六日は別府に来ていたんだから、聞こうと思えば可能でしたね。可能だったかどうかだけでいいですよ。」

（記者）「可能だったと思います。」

——賀川名誉教授への再度の取材は可能だったのだ。それなのに、なぜ取材しようとしなかったのか。——

（徳田）「例えば、賀川先生に、あなたは福井の洞穴遺跡の発掘に参加したことがありますかと、それから、Fという匿名の人物ですが、あなたが福井洞穴の石器を二つ、そのFという人の手のひらに載せたというふうな話を聞いたんですが、そういうこと、ありましたかと聞けば、裏付けが取れるんじゃないですか。」

（記者）「賀川さんと申しておりませんので、裏付けを取る必要はないと思いますが。」

——名前が記事に出ていなければ裏付け取材が必要なくなるとでもいうのか。名前が出なければ信憑性の確認作業はいい加減でもいいというのか。――

（徳田）「あなたは名前を聞いたんですよ。いいですか。あなたは、Fさんからその人物の名前を聞いたんですよ。あなたがそれを賀川先生だと今日の法廷で認めないのは結構です。しかし、名前が出たんだから、こういうことがあったんですかと賀川先生に聞けば、その裏付け、一番容易に取れるでしょう。」

（記者）「賀川先生の名前を出しておりませんので、裏付けを取る必要はないと思いますけど。」

――賀川名誉教授への再度の取材は、可能だったし、あまりにも容易なことだった。なぜ、そのような容易なこともしなかったのか。――

（徳田）「第一調査団〔一九六一、六二年の第一次調査〕の責任者ですよ。」

（記者）「責任者という意味で賀川先生に尋ねるという意味では、しておりません。」

――そういうことを聞いているのではない。――

（徳田）「私が聞いているのは、責任者として聞いたかどうかじゃないの。聞いてるか、聞いてないかということをまずあなたに確認して、聞こうと思えば聞けたじゃないか、それが一番いい裏付けじゃないかと言っているんですよ。」

（記者）「聞いておりません。」

徳田弁護士は、角度を変えて質問した。

（徳田）「あなたの陳述書によると、このFさんという人の発言として、縄文土器の話もあったということが出てるんですが、これは、あなたも、陳述書で賀川先生と特定してますよね。いいですか。」

（記者）「はい。」

（徳田）「この件、賀川先生に確かめましたか。」

（記者）「確かめておりません。」

――先ほど、名前を出していないから、裏付け取材する必要はない、と答えた。そうなると陳述書とはいえ名前を出したら、裏付け取材は必要なはずである。――

（徳田）「なんで確かめないんですか。」

（記者）「この記事とは関係ないからです。」

徳田弁護士は、Fなる人物の供述の信用性に関する核心的質問に踏み込んで行った。

（徳田）「あなたは、Fさんの発言を信用できると思いましたか。」

（記者）「信用できると思いました。」

（徳田）「その理由は何ですか。」

（記者）「縄文土器を見せてもらったからです。」

（徳田）「それで信用できるんですか。」

（記者）「その写真と同じものが、先ほど申し上げました原始文化展のパンフレットに載っておりました。」

（徳田）「それだけで信用できるんですか。」

（記者）「別府大学出品ということで。」

（徳田）「それだけで信用できるんですか。」

（記者）「はい。」

――信用性判断について観点の全く異なった相手に、この問答をしても埒があかない。徳田弁護士は、一歩踏み込んで聞いた。――

（徳田）「あなたは、Ｆさんと賀川先生がどういう関係なのかということについて、Ｆさんから聞きましたか。」

（記者）「聞きました。」

（徳田）「賀川先生には、確かめましたか。」

（記者）「確かめておりません。」

——証人はFなる人物の一方的な話しか聞いていなかった。Fさんから聞きましたか。——

（徳田）「Fさんと別府大学がどういう関係なのか、Fさんから聞きましたか。」

（記者）「聞きました。」

（徳田）「Fさんが別府大学から出ていったいきさつを聞きましたか。」

（記者）「聞いておりません。」

——やはり、証人は、それ以上に踏み込んでは確認していなかった。——

（徳田）「聞いてないの。別府大学と関係があるかどうかは聞いておって、別府大学から出ていったいきさつは聞いてないいんですか。」

（記者）「はい。」

（徳田）「そのとき、どうして聞かないの。」

（記者）「…」

（徳田）「もしFさんが賀川先生に恨みを持っていたり、反感を持ってる人物だったら、その供述内容の信用性は根底から覆るでしょう。」

——供述の信用性判断にあたっては、恨みや反感の有無が重要なポイントだったはずだ。弁護団は、Fなる人物を具体的に想定し、賀川名誉教授や別府大学に対する恨みや反感を抱いていた可能性を示す過去の新聞記事も入手していた（文春側は控訴審でＦ氏の実名による陳述書を提出した。それは弁護団が想定した人物であった）。――

（記者）「…私どもの取材に関しては、個人の恨みを記事に反映されないようにというのは配慮したつもりです。」

――恨みが反映しないように配慮したというこの証言は、やはりＦなる人物が賀川名誉教授に恨みを持っていたことの窺えるようなやり取りを、記者も聞いたということになる。――

（徳田）「私が聞いているのは、そういうことじゃない。あなたは、賀川先生に裏付けを取るための取材をしてないから、Ｆさんの話を信用したと言うんだったら、そういうような、Ｆさんと賀川先生の関係についても、あなたなりに判断しなければいけなかったんじゃないかと言ってるんですよ。」

――Ｆなる人物と賀川名誉教授の関係、Ｆなる人物の供述の信用性を、証人なりにどのように判断したのか。――

（記者）「記事に関して、そういう必要性があったところはないと思います。」

――Ｆなる人物の供述の信用性を証人なりに判断する必要性はなかったというのであろうか。――

（徳田）「そうすると、Ｆさんの話を聞いて、それで必要なところだけを記事にすればいいんであって、そのことに関して、賀川先生に事実かどうかを確かめる必要はないと判断したと、こう聞いていいですか。」

（記者）「F氏に関して、賀川先生と指摘したところはございません。」

――また質問と答えが噛み合わない。質問は、賀川名誉教授と指摘したところがあるか否かではない。賀川名誉教授に確かめる等裏付け取材をする必要はないと考えたのか否かである。――

（徳田）「いやいや、私の質問に直接答えてくれませんか。あなたは、賀川先生に直接取材する必要はないと思ったわけね。」

（記者）「F氏に関しては。」

（徳田）「F氏の発言に関してですよ。」

（記者）「…はい、そうです。」

（徳田）「あなたは、名前を聞いたんですよ。それでも必要ないと思ったわけね。」

――賀川名誉教授の名前だと思われる。――

（記者）「…必要ないと思いました。」

（徳田）「そうすると、結局あなたは一月一一日、一回取材しただけで、その後は、このF氏の発言だとか、あるいは福井の洞穴の発掘に参加した考古学関係者の発言とか、三回の記事の中では最も具体的なことが指摘されているという、そういう記事を書くに当たっても、賀川先生には全く取材等をしなかったということになりますよね。この事実は認めますね。」

(記者)「はい。」

――当初の取材だけで、以後、一切の賀川名誉教授に対する取材をしていないのだ。取材することは可能だったし、別府大学での記者会見の際に記者本人が別府に来ており、取材は容易だったにもかかわらず。――

(徳田)「それだけじゃなくて、後藤先生にも一回だけですよね。」

(記者)「そうです。」

――当初発掘に参加していた後藤教授に対しても、当初の取材一回のみだ。――

(徳田)「それから、この聖嶽発掘に、慶應大学の江坂先生も参加したことは、あなたは知っていますよね。」

――慶應義塾大学の江坂輝彌先生は、非常に著名な考古学者であり、当初の聖嶽遺跡発掘の際に現場を訪れているし、賀川名誉教授の亡き後のインタビューでも、独自の観点から、聖嶽遺跡についてコメントされている方である。――

(記者)「名前は出ておりました。はい。」

(徳田)「江坂先生にも取材してませんよね。」

(記者)「しておりません。」

徳田弁護士は、再び、証人の陳述書の最後に記載された文章を示して聞いた。

（徳田）「あなたは、賀川先生が自殺をされたことに関して、週刊文春の記事はでたらめだらけと、いかようにも反論できたはずだとか、あるいは、この自殺は口を封じたというような形で批判しておられますけど。」「賀川先生に、反論のための取材、裏付けを取るための取材すらしなかったのは、あなたのほうじゃないですか。」

（記者）「反論は幾らでもできたと思います。」

（徳田）「少なくとも、あなたは、賀川先生が辱めを受けたという抗議文書を出してるということを知りながらも、賀川先生には取材をし、その発言の機会を与えるということはしなかったでしょう。」

（記者）「賀川先生を捏造の犯人と決めつけたことはありませんので、する必要はないと思いました。」

――必要性の有無を聞いたのではない。賀川名誉教授に取材をしなかったこと、その発言の機会を与えなかったことを確認しただけなのに、最後まで答えはずれていた。その答えを聞いて、あくまでも逃げ続けようとしているとしか思えなかった。――

徳田弁護士は、怒りの感情を抑えながら聞いた。

（徳田）「あなたは、捏造だというふうに第二回の記事で断定をし、その後、抗議の文書まで受け取りながら、弁明を聞こうともしないで、結果として自殺へと追い詰められた賀川先生に対して、あなたは、口を閉ざす必要があったのかと、いかようにも反論できたはずだと批判する資格があるんですか。」

（記者）「賀川先生を指摘したことはございません。」

——徳田弁護士は、全く同じ質問を繰り返した。——

（徳田）「こういう、陳述書の末尾に書くような資格があると、あなたは思ってるんですか。」

（記者）「説明責任を放棄されたと思っております。」

——この期に及んでもなお、記者は徳田弁護士の質問が分からないのか。しかも説明責任については、賀川は検討会の設置、その後の記者会見などで十分果たしている。その記者会見に参加が可能であったにもかかわらず参加していないのは文春の記者の方である。——

徳田弁護士は、賀川名誉教授の遺した遺書を証人に示し、観点を変えて質問した。

（徳田）「あなたは、これらの遺書を見たことがありますか。」

（記者）「週間朝日誌上で見ました。」

（徳田）「賀川先生がどんな思いでこれらの遺書を書いたのか、あなたは想像してみたことがありますか。」

（記者）「…しました。」

（徳田）「どんな想像をしたんですか。」

（記者）「大変痛ましいと同時に、なぜ最初の日付が二五日だろうと疑問を持ちました。」

――自分の関与した記事に関連して、取材対象者が自殺したというのに、その遺書を読んだ感想がこういうものだったとは傍聴者も含めて、法廷はあきれかえった。――

（徳田）「あなたの感じた感想は、それだけですか。」

（記者）「…はい。」

――この答弁はいったいなんということなのか。自分と十分に面識があり、一対一で話をした人物が、自分の関わった事柄で結果的にせよ、自殺したというのに。――

（徳田）「どんな思いで賀川先生がこの遺書を書いたのかというふうには思わなかったわけね。」

――徳田弁護士の言葉には、記者への絶望感がにじみ出てきた。――

（記者）「これだけのことをお書きになられるのに、なんで説明をされなかったのか、不思議でした。」

（徳田）「あなたは、聞こうともしてないじゃないですか。」

（記者）「幾らでも反論できたと思います。」

（徳田）「あなたは、幾らでも取材できた。違いますか。」

――繰り返しになるが賀川名誉教授は社会に対して十分説明を行っている。徳田弁護士の声には怒りの感情がこもっていた。――

（記者）「私どもは、賀川先生を捏造犯人だと決めつけたことはありません。」

（徳田）「それは、裁判所が判断することですよ。あなたが決めることではない。」

（記者）「でも、私は、その意図はありませんでした。」

（徳田）「いや、あなたの意図は、この遺跡は捏造だという基本方針に基づいて書いていて、なおかつ、研究室の人物がだれかということも聞いてたんですよ。」

（記者）「しかし、遺跡が捏造されたということは書きました、いつの時代にか持ち込まれた可能性があると。」

（徳田）「いつの時代か持ち込まれた可能性というのは、捏造ではないということを、あらかじめ先ほどの尋問であなたに確認してるんですよ、捏造とは何かと。いつの時代か持ち込まれたというのは、捏造の範囲じゃないでしょう。」

（記者）「そうでしょうか。時代、時間は特定できないがということだったと思います。」

――徳田弁護士の初めの質問で、捏造とは何かについて確認している。人為的に遺跡を作り出す行為と証人も認めている。江戸時代の人が人為的に遺跡らしいものをそれと知りつつ作るなどということは常識的にありえない。――

徳田弁護士は、これ以上、この記者に何を聞いても無駄だと感じていた。

最後に、徳田弁護士は賀川名誉教授の姿を思い起こしつつ、聞いた。

（徳田）「賀川先生は、七八歳なんですよね。」

（記者）「はい。」

（徳田）「七八歳にもなられた方が、まあ私どもの尊敬の的だった人ですが、死に臨んで、どんな無念であったか、あなたは、この賀川先生の死を知って以後、今日に至るまで、想像したことがありますか。」

（記者）「…なぜちゃんと説明されなかったのか、疑問に思います。」

（徳田）「結局、あなた自身は、自らの記事が原因で、この高齢の碩学を死に追いやったという自責の念はないということですね。」

（記者）「…その批判と自殺は別問題だと思います。」

（徳田）「私の質問は、自責の念はないのかということですよ。自分の記事で、高齢の老考古学者を死に追いやってしまったという自責の念はないのかということですよ。」

（記者）「死に追いやったという意識はありません。」

（後略）


被告側証人であっても、人としての思いを感じられればまだ救われた。しかし、記者に自責の念を感じることができないまま、尋問を終えなければいけなかった。まさしくこれが、賀川名誉教授が命をかけて抗議した巨大マスコミの正体だった。

三　結　審

尋問が終了した時点で、最後に、原告遺族代表として賀川洋氏が陳述に立った。以下はその内容だ。

「今回の裁判が結審をむかえるにあたって、裁判官各位に是非ご理解いただきたいことがございます。

それは、今回の文芸春秋社の名誉毀損事件は、こと文芸春秋社のみの問題ではなく、広く報道と人権との問題にかかわる課題であるということであります。

具体的には、一部のマスコミは、営業利益を追求するあまり、訴訟による処罰をリスクとして覚悟しても、あえて個人のプライバシーをあばき、読者の好奇心に媚びようとする傾向があるのではないかという疑念を、ここに申し述べたいのです。

すなわち、今回の父の名誉毀損事件でも、たとえ週刊文春に不利な判決がおりたとしても、その記事がタイムリーで、販売部数が伸びてさえいれば、その判決による損失よりははるかに大きい利益を享受できるという判断であったのではと危惧するしだいなのです。

マスコミ関係の一員である私としては、もとより報道の自由は憲法の保障する最も大切な権利であることを自認しております。しかし、同様に、時にはそれ以上に大切なものは基本的な人権にほかなりません。

今回の事件は、報道の自由を拡大解釈し、営業利益との妥協の中で、あえて人権を蹂躙した名誉毀損事件に他ならないと考えます。資金力のあるマスコミによる、非力な個人に加えられた筆の暴力に対して、父は死をもって抗議したのであると確信しております。

この一年をとっても、同様の事件が何件もおきており、週刊文春のみならず、週刊現代など多くの大衆誌で、類似した事件がおきています。中には、女性アナウンサーが風俗店に勤務していたことを報じた週刊現代の事件など、本人への取材もないままに安易に個人の名誉とプライドを蹂躙したケースもございます。

報道の自由という権利を行使できるマスコミは、その乱用には極力留意するべきであります。したがって、そうした、法による処罰まで折り込にしたような、開き直った報道に対しては、厳罰をもって対応していただきく、お願い申し上げます［実際には民事裁判での処罰・厳罰はない］。判決の重さが被告に充分に認識されざるを得ないような厳しい判決であれば、それが、報道の自由の濫用に楔を打つ契機となるものと期待しているからであります。

私が、マスコミの一員であり、同時に父を失った被害者であるという、いわゆるジレンマを抱いていればこそ、今回の判決が、報道の未来へのよき道しるべとなる判決であってほしいと祈念している次第であります。

裁判官各位のご理解あるご決断をいただきたく、ここに陳述させていただきます。」

原告賀川洋氏の意見陳述の後に、裁判は結審となった。あとは判決言渡しを待つだけであった。

四　判決

二〇〇三年五月一五日、大分地方裁判所での判決言い渡しの日が来た。

法廷に詰めかけた多数の支援者の心中は複雑であった。事件から二年以上の時が経過している。しかし事件のことは昨日のことのように思い出される。これだけの裁判にしては早い進行になったとの声を聞きながら、それでも二年以上の経過で、賀川名誉教授が「捏造犯人」だったなどという誤った雰囲気だけが残っていったのではないか、との思いもあった。

賀川名誉教授の無念を晴らし、名誉が回復される日だという思いもありながら、裁判に対してどれほど期待できるものかの不安もあった。考古学上の議論に巻き込まれることなしに今回の事件の本質を裁判所が的確に判断できるのかという不安もあった。

しかし、現在、賀川名誉教授の名誉回復のためには、この裁判所に期待するしかない。支援者の思いは、この一点で一致していた。また、この判決はテレビ、新聞なども注目し、全国へも報道された。

裁判官三名が入廷し、裁判長が判決を言い渡した。

文春側へ謝罪広告掲載を命じ、慰謝料合計六六〇万円の支払いを命じた。

判決は、文春側の主張を完全に退け、賀川名誉教授に対する名誉毀損を明確に認め、慰謝料だけではなく、今回最も必要性を訴えた謝罪広告を命じたものであり、高く評価できる内容であった。

裁判経過表（大分地裁）

二〇〇一・	〇九・一五	提訴へ向けて記者会見。
	一一・〇一	大分地裁に提訴（平成一三年（ワ）第六一〇号謝罪広告等請求）。謝罪広告三回と慰謝料五五〇〇万円。弁護団三〇人。
	一二・二五	大分地裁第一回期日。訴状。答弁書擬制陳述。意見陳述。甲一〜一一（文春記事、抗議の手紙、遺書、調査会会報、日本の洞穴遺跡、『瓦礫』、『古希記念論文』）
二〇〇二・	〇二・〇四	進行協議期日。文春：上申書
	〇三・一二	第二回期日。原告：準備書面（求釈明）、文春：準備書面、乙一（春成報告）
	〇五・二八	第三回期日。文春：四月五日準備書面、四月三〇日準備書面 原告：準備書面。甲一二〜二七（新聞、清水・栗田論文）
	〇七・三〇	第四回期日。文春：準備書面、乙二（『諸君』掲載の中村彰彦）。原告：準備書面。甲二八〜四六（陳述書、週刊新潮、週刊誌の広告、中村彰彦の立場、

黒川紀章裁判の慰謝料一〇〇〇万円）

一〇・〇八
第五回期日。
文春：九月三〇日準備書面、一〇月八日準備書面、乙三〜二七（日本史教科書、藤村事件の毎日新聞、一月二三日シンポの毎日新聞、聖嶽出土石器の推移、別大の記者会見の新聞、「小説　敗北」、河﨑陳述書）を申請。
原告：準備書面、甲四七〜四九（尾本陳述書、「論座」森意見、ニュースレター）
乙一六〜二〇は関連性なしとして却下。乙二六は作成者を明らかにされず却下。
原告結審を迫る。被告の人証申請採用。

二〇〇三・
〇一・二八
甲五〇〜五七（『烏ん枕』、『図解・日本の人類遺跡』、平沢良論文、福井洞穴論文、『検証・日本の前期旧石器』）、乙二八〜三四（一月二二日シンポの毎日新聞など）
文春記者の尋問。結審。

〇五・一五
地裁判決。謝罪広告と慰謝料六六〇万円。

「勝訴」父とともに

聖嶽遺跡訴訟

聖嶽遺跡訴訟の判決で支援集会に集まり報告を聞く支援者ら（県弁護士会館）

長男・洋氏

「長い道のりだった」文春に思い届いたか

「長い道のりだったが、父とともに勝訴判決を胸に刻めた」―。故賀川光夫別府大学名誉教授の名誉棄損裁判で、賀川氏の長男洋さんらは、遺族の主張をほぼ認めた勝訴判決を喜んだ。しかし、この日の裁判には被告代理人の弁護士は出席しなかった。洋さんら遺族は「私たちの声は本当に週刊文春に届いたのか」と、無念の思いを新たにしていた。

支援集会で報告する徳田弁護団長（右）と遺族

判決後、大分市の県弁護士会館で、「賀川光夫先生の名誉回復の裁判を支援する会」（梅木秀徳会長・約七百五十人）が支援集会を開いた。弁護団長の徳田靖之弁護士が判決内容を説明。謝罪広告を認めた判決を高く評価する一方、賠償額には不満を示し、「東北のねつ造事件に発して、売らんかなのずさん報道だったという本質を理解していない」と話した。

集会参加者は百人を超えた。原告を代表して洋さんが「支援していただいた人たちに、心からお礼を申し上げたい」と感謝。「私たちの思いは本当に文春側に届いたのか。大きな力を持ったマスコミが弱者の痛みを忘れたとしたなら、父も遺族も断じて許せない」と話した。

支援する会の梅木会長は「私たちの願いが届いた。しかし、勝訴しても、先生は帰って来ない。怒りは収まらない。今後も文春の動向を見ながら、支援の手を緩めないで輪を広げよう」とあいさつした。

出席した教え子の一人、阿南麻衣さん（三九）＝熊本県泗水町＝は「教え子を優しく導き、私も先生と出会って考古学に興味を持った。裁判に勝っても、先生は帰ってこない」と話していた。

取材の在り方に警鐘

週刊文春のねつ造疑惑報道に抗議して自殺した別府大学名誉教授賀川光夫氏の名誉棄損訴訟で、大分地裁は遺族側の主張をほぼ認めた。

被告の文芸春秋などは、当初「賀川氏が遺跡をねつ造したとは報じていない」と主張。途中から「仮に記事を読んで賀川氏がねつ造したと理解されたとしても、真実と信じる理由があった」との予備的主張（仮定抗弁）を加えた"二段構え"で争ってきた。同地裁は「記事は賀川氏の社会的評価を著しく低下させた」とし、仮定抗弁を退けた。

損害の認定も焦点の一つだった。近年、出版社が被告になった名誉棄損訴訟では出版社側に命じる賠償額が高額になっている。今回は、学者としての名誉の侵害が問題となった判例上初のケースで、抗議の自殺をした特異な事例だった。

同地裁は考古学者としての賀川氏に対する名誉棄損を認めた。一方で、記事が公共の利害に関することであり、文芸春秋側の記事掲載の動機を「遺跡の考古学的価値を明らかにすることもあったことを否定できない」と一定の理解を示し、賠償減額の理由とした。

遺族側は学者としての名誉回復を最も重視しており、謝罪広告の掲載が認められたことを高く評価した。同地裁は文芸春秋側にさらに取材が必要だったことを指摘し、取材の在り方にも警鐘を鳴らした。

＝解説＝（社会部・赤坂耕一）

ポイント

賠償額の高額化　最近の名誉棄損訴訟では、裁判所が出版社などに命じる賠償額が高額化している。プロ野球巨人軍の清原和博選手が起こした訴訟は、記事を掲載した小学館が一審で敗訴。建築家の黒川紀章さんがデザインを監修した豊田大橋（愛知県）の記事についての訴訟も一審で文芸春秋が敗訴。東京地裁はそれぞれ出版社に一千万円の支払いと謝罪広告の掲載を命じた。熊本市の医療法人とその理事長が起こした訴訟では、東京地裁が新潮社に千三百二十万円の支払いを命じた。

大分合同新聞

平成15年5月15日夕刊

第三章　地裁での審理で明らかになった文春の報道姿勢

一　文春の取材姿勢

大分地裁での勝訴は、関係者にとっては朗報だった。

しかし、残念なことは、裁判を通じ、さらにはそれ以前から文春が終始一貫して自らの正当性を主張し、そのために自身の報道姿勢に対して一切反省の姿勢を見せなかったことである。

今回のような事件の再発を防ぎ、さらに報道被害という社会問題を防止するためにはどうしたらよいかというテーマこそ、マスコミがこの事件から教訓としなければならないことではなかったのではないか。

例えば、新聞や雑誌を発行するメディアは常に自らの報道に正当性が認められ、充分な準備をもって報道されているか監査する機関を内部に、または各社が共同で設けるなどといった、モラルを維持する対策がとられるなど、報道被害についていかにマスコミが本気で取り組んでゆくか、遺族や関係者はそれを見極めたい気持を持っていた。

賀川洋氏の陳述書にあるように、文春をはじめ、多くのマスコミが裁判を単なる経費と考え、慰謝料を支払いながらも無責任な報道を続けるならば、裁判の意義は半減してしまう。

しかし、こうした状況を未来への教訓にかえるためにも、地裁での勝訴を振り返りながら、ここに改めて、文春の報道姿勢について、しっかりとまとめてみたい。


通常、学術的なテーマについて報道されるときには、メディアは基本的な文献を集め、収集した資料を読み、報道対象者を初めとして関係者に取材し、裏付け取材をしているものと考えられる。

本件でいえば、聖嶽遺跡の「捏造」を疑うならば、発掘直後の報告書や、「捏造」に使われたと疑う他の遺跡の報告書は最低限、集めるものと思われる。

疑惑の対象になっている人物には十分に本人取材を行い、弁解を聴取し、一九六一、六二年の調査に携わった関係者には十分な取材をするであろう。重要な供述が得られたと考えるならば、その信用性の有無について裏付け取材を行うであろう。

本件でも、そのような取材が行われるはずと一般には期待する。現実に新聞社の中には、この聖嶽遺跡について文春と同じ疑問点から出発しながらも、精緻な取材を積み重ねた結果、「捏造」との結論に至らず、記事を見送ったところも存在する。

また、東北の旧石器捏造事件で、新聞協会賞まで獲得した毎日新聞もそのような下準備とともに、現場に足を運び、捏造の瞬間を押さえ、更にそれを捏造者に見せた上で弁明を聞き、初めて記事にしている。

これはまさしく、緻密な取材の積み重ねが世紀のスクープをもたらしたものとして、賞賛されてしかるべきである。

しかし、以下に見るとおり、文春側はこれらの取材をしないまま、本件報道をしたものと言わざるを得ないのだ。ここに、裁判でも争点となった文春報道の問題点を挙げてみる。

（一）原典に当たらない

まず、なんといっても文春は取材にあたって、原典にあたっていなかった。

一九六二年の発掘直後に賀川名誉教授によって書かれたのが「洞穴遺跡調査会会報四」であった。これは、原典ともいうべき報告書であり、捏造を疑うならば、当然に集めるべき資料である。ここには賀川氏の文章で「この細石器は剥片利用のものでその形態に統一性が少い。しかも発見された部位がいわゆる包含層というより散乱の状態で数も全部で八個を数えたにすぎない。このような石器数から本洞窟内に住居をかまえたとは考えられず、その利用の推測にきわめて困難な状況である。」「細石器の出土状況などなおさらに解決しなければならない問題も多く、今後人骨の精査と共に同様長洞穴調査の必要が痛感される。」と記されている。

これらの表記は、捏造者ならば通常し得ない表記であろう。また、この報告には、中世の人骨が古銭を伴い散乱していたこと、細石器等は中世の人骨類とは別の更に古い層位から出土したこと、いわゆる「聖嶽人」は厚い岩石の下の最も古い層から発見され、人骨を覆っていた岩石の上には鍾乳石が成長しており、人骨の上に岩石が崩落してから相当な時間が経過していると思われること、などが述べられている。

このようにこの報告は発掘直後の状況を伝える貴重な資料であると言うことができる。しかし、文春側は第三回記事を掲載するまで入手すらしていないことが遺族との最初の話し合いと河崎記者に対する証人尋問で明らかとなった。

証人尋問では更に河崎記者はこの報告書の存在を知った後でも入手しようとしていなかったことが明らかになった。

(二) 疑った他の遺跡の報告書も当たらない

文春は第三回報道において、聖嶽遺跡出土の石器は別の遺跡から「集められた」ものと疑った。そして、文春側が疑った遺跡が、どこかを尋問で問うと、記者は、鈴桶遺跡、平沢良遺跡、福井洞穴遺跡の三つを答えた。

しかし、そのうち鈴桶遺跡については、文春側は報告書すら入手していないことが尋問の結果、判明した。

また、記者は平沢良遺跡および福井洞穴遺跡から出土の石器と聖嶽遺跡出土の石器との同一性の有無について、そもそも調査すらしていない。そして、記者が参考にしたという平沢良遺跡に関する『駿台考古学論集二』や、福井洞穴遺跡に関する『長崎県文化財調査報告書第四集』を詳細に検討しても、聖嶽洞穴遺跡出土の石器と同一のものが見当たらない。

このように、他の遺跡から出土した石器が聖嶽遺跡に埋め込まれたのではないかと疑いながら、文春側は全く確認作業をしていなかったのである。

文春が依拠したのは、週刊文春三月一五日号に記載されている、匿名の九州に詳しい考古学者の発言「鈴桶遺跡や平沢良遺跡など腰岳周辺遺跡で特徴的なナイフ形石器が聖嶽洞穴の石器の中にもありました。」と、やはり匿名の福井洞穴遺跡の発掘に参加した考古学関係者の発言「聖嶽の細石刃は、福井洞穴から出土したものときわめて似ています」という所のみである。

証人尋問でも指摘した通り、石器の型式が似ている事は、考古学上何ら問題はない。それどころか各地で出土する石器の形態・製作技法・石材等の類似性の比較研究こそが、大きなテーマの一つとなるのである。また、福井洞穴は数次にわたり発掘されており、前記の証言もいつの発掘なのか明確ではない。

もし、他遺跡出土の石器を使った遺跡捏造であると主張するのであれば類似性などではなく同一性についての考古学的な裏付けや、どれとどれが該当するのかといった報告書や論文の精査による裏付け作業が必要なものである。残念ながら、本件の文春の取材では、こうした裏付け作業を行ったとは確認できない。

（三）参考文献を無視

文春側は、取材にあたって『烏ん枕』『図解・日本の人類遺跡』『考古学がわかる事典』などを参照したと主張していた。

それらの参考文献には、腰岳産の黒曜石は九州をはじめとして広く分布しており、宮崎県、鹿児島県を含めて直線距離で二〇〇キロ以上離れた遺跡からも出土していること、したがって腰岳と聖嶽洞穴遺跡との距離は遠くて不自然という距離では決してないこと、姫島産や阿蘇産の黒曜石が聖嶽洞穴遺跡から出土しなくても何ら不自然でないことなど、本件記事とは反対方向の事実が記載されている。ところが、文春側はこれらの事実を承知していながら、それをあえて無視した取材、記事掲載を行なったものである。

（四）事実などを確認しない

取材を行うにあたって、その取材で最も重要とされる取材対象者には、事実の確認、反証や説明のための取材などを行わなければならないはずである。文春は以下の三つの点において、こうした基本となる取材活動を怠っている。

① 本人取材の実質的欠如

記者は確かに平成一三年一月一一日に賀川名誉教授の取材をしているが、これは取材初期の段階で一回なされたに過ぎなかった。

しかも、以下に述べるように、再度の取材をするのが当然と思われるにもかかわらず、これを行っていなかったのだ。

第一に、賀川氏から抗議を受けていながら、そして少なくとも記者自身はそれを抗議と認識していながら、どこに不満があり、どこが間違っているというのか具体的に取材して当然と思われるにもかかわらず、賀川氏に取材をしようとも思っていなかったのだ。

第二に、第二回記事に関連することであるが、平成一三年一月二一日のシンポジウムにおいて、賀川氏が当初の報告書の段階で遺跡の疑問点を指摘しており、それが春成教授と同様の問題意識だったことを文春側は知っていたにもかかわらず、文春側はその賀川氏の問題意識について本人に全く取材をしていなかったのだ。

第三に、賀川氏は平成一三年三月六日に別府大学で記者会見に臨み、そこで「聖嶽洞穴遺跡の再検証は喜ばしい」と語るとともに、「間違いは許されるが作り話は許されない、今回捏造事件といわれたことは本当に悔しい」と語っていた。この記者会見が第三回記事の掲載前であり、文春側は同日同じく別府大学で行われた石器の検討会の記者会見に出席したにもかかわらず、途中で退場しており、賀川名誉教授の記者会見には出席すらしていなかったのだ。

第四に、第三回記事では、「別府大関係者」（Ｆ氏）から賀川名誉教授の研究室で福井洞穴遺跡出土の石器を見せられたと聞き、聖嶽洞穴遺跡出土の石器は、鈴桶遺跡、平沢良遺跡、福井洞穴遺跡から出土した石器によって「集められていた」（捏造された）ものだとの趣旨の記事を掲載しながら、これらの事実関係を賀川氏に取材していないし、取材が可能だったにもかかわらず、取材の申し入れすらしていなかったのだ。

これだけ、賀川名誉教授に再度取材すべききっかけを持ちながら、そしてそれが十分に可能な状況にありながら、全く取材をしようともしなかった。

② 裏付け取材の欠如

賀川名誉教授以外にも、聖嶽洞穴遺跡の第一次調査に参加した人物への取材も不十分である。

後藤重巳教授には取材の初期の段階で一回聞いただけであるし、第一次調査に参加した考古学界の重鎮、江坂輝彌・慶應義塾大学名誉教授には取材さえしていなかったのだ。

遺跡の「捏造」を疑って報道するならば、当初の発掘時に参加した人物に十分に当たることは常識ではないだろうか。

第三回記事において、文春側はＦ氏の証言に基づいて賀川名誉教授の「捏造」を具体的に想起させる記事を掲載した。

にもかかわらず、文春は驚くべきことにF氏の証言の裏付け取材をしてないし、F氏の供述の信用性を確認するために最低限必要な、F氏と賀川氏や、別府大学との関係について具体的な確認すらしていなかった。つまり、F氏の私怨に乗った形で記事を掲載したのである。

二　事後の文春の対応と取材姿勢

賀川名誉教授の生前に掲載した三つの記事に関する取材の問題点の次に、名誉教授自死のあとの同誌の対応についても、ここでその問題点を指摘したい。いったい、真摯なる内部調査は行われたのだろうか。

また、遺族や関係者への誠意ある対応、さらに賀川名誉教授の自殺について、正しい報道はなされたのだろうか。

(一) 三月二二日号での対応とそこでの取材

まず文春は、賀川名誉教授の自殺を踏まえて三月二二日号（三月一五日発売）にて第四回目の報道を行った。

ここにその報道内容を要約すると、文春編集部には賀川名誉教授から正式な抗議は届いていなかったし、文春は学術的データによる指摘をしていたにもかかわらず、賀川名誉教授からは学術的な反論を受けなかった、というものであった。

しかし、賀川名誉教授の自死を受けて報道された三月二一日号におけるこれらの記事も問題点があった。

①「抗議」は存在した

賀川氏は文春側に抗議文を送付していた。そしてその文章も確認されている。しかし、文春は「編集部には、賀川氏（中略）から正式な抗議は（中略）届いていない」と報道した。さらに、その後も他のマスコミに同様の発言を繰り返していた。しかし、賀川氏は文春側に抗議文を送付していた。そしてその文章も確認される。

このような報道は、単に虚構というだけでなく、賀川名誉教授亡き後に賀川名誉教授が捏造犯人ではないかとの印象を更に一般読者に抱かせるという点で、悪質な弁明とは考えられないだろうか。

この抗議文の経緯は、賀川氏が抗議文のコピーと、書留めの控えを書斎に保管していたことによって抗議を行っていることが明確になった。

もしこれらの証拠品が残っていなかった場合には、その後も文春は「抗議は来ていなかった」と強弁していたのではないかと想像される。

②「学術的なデータによる指摘」とは言い難い

さらに、賀川名誉教授の亡き後に、文春側は自らの報道を「学術的データによる指摘」（三月二二日号の三九頁）とし、本件裁判でも「学問上無価値だということを報道しただけ」と弁明した。学問上の指摘をしたのであれば、原典たる報告を読み、第一次調査に参加した他の学者や別の見解を表明した学者（尾本恵市東京大学名誉教授等）にも取材して当然であると思われるのにしていなかった。また、三月一五日号で触れた法鏡寺遺跡や虚空蔵寺遺跡について、論文チェックはおろか、現場の確認もしていなかった。

はたしてこれで「学問的なデータによる指摘」ということができるのだろうか？　さらに、再度の本人取材を試みることなくまた賀川氏の記者会見に出席することもなく「学者であられるなら（中略）学術的に反論していただきたかった」と掲載することが妥当なのだろうか？　こうした記載は、賀川氏は学者なのに学術的指摘に全く反論できなかった、との印象を一般読者に抱かせる悪質な弁明とは考えられないだろうか。

現実には第Ⅰ部第二章においても触れたように賀川氏は学問的に問題を収拾しようと様々な努力を行っている。そもそも春成氏を中心とする二次調査を受け入れ、協力したことそのものが重要なアプローチであったし、石器の問題が出てからも専門家に呼びかけ、第三者による検討委員会の設置を歓迎し、当時の資料を全て提供して多角的な解明に全面的に協力していた。その中での石器に関する検討の結果の報告が三月六日の記者会見である。しかし、文春記者は、別府大学による石器保管に関する会見のみ出席し、その後に高倉西南学院大学教授の行った石器の位置付けに関する会見前に退席し、賀川氏の会見にも出席していない。文春は賀川氏のこうした学問的アプローチと努力を完全に無視した上で記事を掲載している。

(二) 遺族のプライバシー調査

裁判に入る以前に文春のとった姿勢で遺族の神経を逆なでした行為は、遺族のプライバシー調査であった。

二〇〇一年の四月頃、賀川名誉教授の次男賀川真氏は長男洋氏の離婚した元妻から連絡をもらった。それによると、文春の記者が博多に在住する洋氏の元妻の自宅を訪問し、離婚の理由やその前後の洋氏の行動、離婚の手続きなどについて事細かに質問をしていったとのことであった。

真氏は、洋氏に直ちに連絡をしたところ、洋氏のほうにも同時期に洋氏の友人から文春の動きが寄せられていた。その友人は、数年前に家族で海外に赴任する際に、購入していたマンションを次男の真氏に期限付きで賃貸していたことがある。その家庭に文春の記者が訪問し、真氏の賃借状況や、生活状況を調べていったとのことであった。

さらに、賀川洋氏の妻の実家のドアを、週刊文春の記者と名乗る者がノックし、洋氏の結婚歴や海外渡航歴などを取材しようとした。実家では不審に思い、ドアをあけなかったという。

こうした事態を受けて、兄弟は早速文春にプライバシー調査の有無や、その意図を文春に問い合わせ、厳重な抗議を行った。

その抗議に対して文春は、「今後の裁判等を想定すると、遺族がどのような行動を取る人物かを調べておく必要があった」という回答を行った。

この段階では、遺族はまだ、裁判については、具体的に想定していなかった。この事件は出版界と言う言論内部の問題であるために、三月の直接話し合いの際に文春に提出した質問状の回答を待ち、できる限り公権力を介在させず、話し合いによって事態を解決したいとの希望を持っていた段階であった（この事件と、その後の展開を取材した一部マスコミの中には、文春の回答しだいでは法的措置も視野に入れている、との遺族の発言の趣旨を誤解して、裁判を具体的に考えていることをにおわす記事をのせた新聞もあった）。

そもそも、文春は遺族との会見の際に、記事を検証し事実を明らかにするためには調査を行う必要があるので時間がほしい旨発言し、質問に対する回答を調査が済むまで保留したい旨要望していた。

遺族は、その提案を認め、しっかりと真摯な姿勢で調査することを求めていたのである。遺族はそうした調査の一環でかかるプライバシー調査を文春が行っていたことに愕然とした。その点で、このプライバシー調査は遺族の神経を逆撫でしただけでなく、文春自らの首を絞めたことにもなった。

これらのことを総合すると、賀川名誉教授の抗議の自殺という深刻な結果を招いていながら、文春内部はそれを遺族との約束どおり真摯に内部調査を行い反省するどころか、保身と、裁判を視野に入れた処理を早々に進めていたことが窺える。

このことからも、さらに今回の事件での報道の状況の全てを検証してみると、文春の報道姿勢がいたずらにセンセーショナリズムを追求し、結果を先に設定した掲載を行い、そこで起こった名誉毀損は利益に対するコストであるとまで思っていたのではないかと邪推されても、仕方がないのではなかろうか。

大分地裁での判決の後、いよいよ係争は福岡にある高等裁判所に持ち込まれることになる。裁判の長期化にいらだちながらも、遺族、弁護団、そして支援者はさらに結果を強めた。支援者の中には、九州各地、さらに日本のあちこちに住む賀川名誉教授の教え子、そして市民講座などで賀川名誉教授に考古学や郷土史を学んでいた一般の方々、そして名誉教授と遺跡保存の問題や、様々な場面で面識を持っていた方々など多彩であった。

大分地裁から福岡にある高等裁判所に舞台を移したあとも、そうした支援者の傍聴の数が減ることなく、裁判が継続したことは、ここに特筆したい。

第Ⅲ部　勝訴まで

第一章　福岡高裁

一　双方控訴

二〇〇三年五月一八日、文春側の控訴状が大分地裁で受け付けられた。

文春側が判決に不満があることは伝え聞いていたが、やはり控訴状が提出されていた。

一方原告側にとっては、大分地裁判決はある程度高く評価できるものではあったが、一部には、より踏み込んで欲しい点もあった。

原告、弁護団のなかには地裁判決を評価しているのに、控訴するのはおかしくはないかといった議論があった。しかし地裁判決には、河﨑尋問の結果明らかになった、取材の杜撰さなどについての評価がやや物足りなかったことも事実であった。

そこで、文春側が既に控訴しており、控訴審での審理が行われることが確定している以上、この新たな土俵を積極的に活用し、原告側にもっと有利なもっと踏み込んだ判決を得るように控訴すべきものと判断した。

そこで、二〇〇三年五月二八日原告側も控訴した。

ここに、原告側、被告側双方の控訴理由をまとめてみたい。

（一）原告側の控訴理由

二〇〇三年七月一七日、原告側も控訴理由書を提出した。その内容の第一は、謝罪広告の取り扱いについてであった。

原判決（大分地裁での判決）が、賀川名誉教授に対する名誉毀損の成立を認め、文春側に謝罪広告を命じたこと自体は正しい判断として高く評価することができる。しかし、地裁判決の謝罪広告を命じた部分の詳細には重大な欠陥があった。

原判決には、謝罪広告の書体と文字の大きさについては指定しているものの、広告全体の大きさについて指定がなかった。

大きさの指定がなければ、文春側はできる限り目立たないように小さく掲載することが容易に予想された。実際弁護団で、どの程度まで小さくすることが可能かシミュレーションしてみると、編集の仕方如何では七センチ四方程度の大きさにまで、広告そのものを圧縮することが可能であった。

また、失われた名誉の原状回復のためには、本来ならば謝罪広告もそれと同じ掲載回数・頁数を使うなどしてなされるべきではないだろうか。実際、週刊文春は定期購読している読者以外に、駅の売店等により偶然買い求める読者が相当数存在する。さらに、週刊文春販売前後に出される新聞広告、鉄道等の中吊り広告などにも記事内容は広く露出されている。よって、名誉回復を広く行き渡らせるためには、確率論的にも、報道と同じ露出回数の謝罪広告を掲載することが望ましいといえる。

もちろん現状をみれば、そういった主張は現実問題として困難であることは想像できる。しかし、それが難しいとしても、せめて最低限でも誌面一頁全体を使った謝罪広告が認められるべきではないか。そうでなくては本当の意味での名誉の原状回復にならないのではないか。原告側はそのように考えた。

こうした考えに基づいて、地裁判決には謝罪広告の大きさの指定がないことについて、原判決を変更すべきであるとのするのが、控訴理由の第一であった。

控訴理由の第二は、損害賠償額についてであった。

地裁における、取材執筆記者であった河﨑記者の証人尋問の結果、文春側に、取材の過程で事実関係を吟味して事の真偽を判断していこうという姿勢があったのか、大いに疑問を感じざるを得なかった。

取材開始前から、聖嶽遺跡は発掘時に「捏造」されたものであるとの結論を先取りしていたが故に、「捏造」を前提とした取材のみを行い、「捏造」とは反対方向の結論を引き出す可能性のある事実を無視し、充分な本人取材も行おうとせず、裏付け取材をも全くしなかった。

こうした現実が証人尋問で明らかになってきた状況では、本件は単なる過失で取材が不十分なものにとどまってしまったというレベルではなく、意図的に悪質な取材をした、あるいは意図的なものと同等のレベルに考えられるほど不十分な取材をしていたものというべきではないか。

このように今回の事件は、今までの数々の報道被害による名誉毀損事件と比較しても、取材の悪質さが例を見ないほどに顕著であって、その結果として、報道被害による被害者に死を選ぶほどの多大な精神的苦痛を与えたことに特徴がある。

これらを根拠に原告側は慰謝料額を大幅に増額すべき事案ではないかと考えた。にもかかわらず、地裁判決は、これらの点に十分配慮がなされているとまでは言い難かった。

（二）文春側の控訴理由

文春側の控訴理由はそもそもの名誉毀損の否定の他、次の二点に集約できる。

第一に、死者に対する謝罪広告は許されないという主張、第二に、謝罪広告を掲載すべき場所として原判決のいう「広告・グラビアを除いて表表紙から最初の頁もしくはそれに準じる頁」は不適法であるという主張である。

第一の死者に対する謝罪広告が許されないという主張については、既に死亡している故人についての報道がなされたのではなく、その時点では生存していた人物についての報道がなされたのであるから、文春側の主張は論理のすり替えともいうべきものと考えられる。

実質的に考えても、生存者に対する名誉毀損行為がなされた後、被害者が死亡した場合に、謝罪広告の掲載は肯定されるべきである。

例えば、ある人物に対し極めて悪質な名誉毀損行為がなされ、その被害者本人が提訴し、客観的に謝罪広告掲載の必要性が極めて高いにもかかわらず、口頭弁論終結直前に被害者が死亡した場合を想定してみよう。このケースで、謝罪広告の掲載が認められないとすることは、明らかにバランスを失し是認できないはずである。

逆に、もしこの事例で謝罪広告を認めないとした場合、その後同様の名誉毀損事件が発生した場合、加害者としてはあらゆる手段を駆使して徹底的に争い、時間を稼ぎ、口頭弁論終結までに被害者が死亡することを待っていれば、謝罪広告掲載が免除されるという不条理が生じてしまう。よって、本人死亡の場合に謝罪を認めないという考え方は「ごね得」を認める考え方と非難されても仕方ないであろう。

今回のケースは、被害者本人が提訴後死亡したケースではなく、賀川氏死亡後、遺族が提訴したものであるが、報道被害の事実と原状回復の必要性において変わらない以上、謝罪広告は必要である。

第二に、文春側は謝罪広告を掲載すべき場所として原判決のいう「広告・グラビアを除いて表表紙から最初の頁もしくはそれに準じる頁」は、実質目次掲載頁であり、ここに謝罪広告の掲載を強制されることは編集権という報道の自由への直接的な介入で憲法違反である旨主張した。

しかし、裁判所は具体的事案ごとに慎重に判断し、謝罪広告の掲載を命ずるのであって、それがどこに謝罪広告が掲載されても、表現の自由と名誉権との具体的調整を図られた結果であれば、何ら編集権への介入と非難されるべきものではないのではないだろうか。

逆に謝罪広告を認めながらも掲載場所の指定が無い場合、加害出版社は、ほぼ目立たない位置に謝罪広告を載せることも可能となるため、実質的に謝罪広告の意味が消失してしまう可能性もある。法的に謝罪広告掲載命令が可能であると考えるならば、その場所を指定しない限り、その実効的意味を担保できないのである。

また、判例から見ても目次掲載頁への謝罪広告掲載が命令された場合において、憲法違反とされた例は存在しないし、憲法違反にならないことは多くの判例からも明らかであった。

二　控訴審における審理経過

福岡高等裁判所は、福岡城址の中にある。

「ここに、その昔鴻臚館という中国などからの使節を出迎える建物があってね。以前賀川先生と、視察にきたことがありましたよ」

開廷を待って、高裁の前に集まった支援者の一人が、そんなことを遺族に話していた。鴻臚館は、古代日本の外交施設で、昭和六二年に発掘されている。古代の遺跡の多い福岡は、賀川名誉教授にとっても縁の深いところで、彼が発掘に立ち会った遺跡も数知れない。福岡の文化財関係の役所に勤務する教え子もかなりいる。

福岡高裁での審理は最初の弁論期日から判決までおおよそ五ヶ月、判決を含め三回の審理だった。大分地裁の判決から高裁の判決まで約九ヶ月であった。

ちなみに、大分地裁での公判は、証人尋問と判決日を含めると合計七回。約一年半の月日であった。他と比較すれば、確かに迅速な経過だったといえるかもしれない。そして、控訴審ではかなり論点も絞られてきている。審理では、地裁の尋問でも問題になったF氏の実名の開示の後、F氏の上申書が取り上げられた。

控訴審での争点は、その上申書を含め、次の五点にわたっている。

(一) F氏の上申書と文春の意図

文春側は大分地裁第五回期日に提出し、却下された「小説　敗北」の著者であるF氏の上申書を高裁段階では実名入りで提出してきた。

F氏は原告側が想定していた人物とまさしく同一人物であった。

F氏は、昭和三六年頃まで別府大学で事務をしていた人物で、アマチュアの考古学マニアでもあり、賀川名誉教授とも近い関係にあった。

その後、F氏は自分で学園を経営するとして別府大学を退職し、他県へ移った。別府大学と共に、賀川本人も講師を派遣したり、自ら教壇に立つなど、様々な支援をしていた。しかし、しばらくすると、

Ｆ氏の学園経営について、別府大学、そして賀川名誉教授とＦ氏は対立することとなり、最終的には、別府大学は支援を打ち切り、賀川本人もＦ氏との交流を断った経緯がある。

原告側では、提訴前に遺族と文春の話し合いを行った段階で、三月一五日号における「別府大学関係者」とはＦ氏であることを想定しており、地裁で文春側がＦ氏を匿名で出した段階から、これらのＦ氏と別府大学との関係を明らかにする新聞や、証言などを入手していたのである。

上申書からは、週刊文春三月一五日号で、「驚くべき証言を始めた別府大学関係者」として紹介されている人物はＦ氏であり、Ｆ氏は、記者らに『この細石刃は、福井（洞穴）のやつだ』といって手のひらに二個のせたことがある人物が賀川名誉教授であったと述べていたことが明確に窺われる。

従って、Ｆ氏の上申書によって、週刊文春の三月一五日号に掲載された記事の意図が、聖嶽洞穴遺跡は、賀川名誉教授が、福井（洞穴）から予め入手していた石器を聖嶽に持ち込んで遺跡を捏造したものであると報じることにあったことが裏付けられたのであった。

その上、Ｆ氏の上申書は、Ｆ氏が、正規の学科課程を踏んだ考古学者ではなく、賀川名誉教授に対し、私的怨恨を抱いていることを示しており、文脈自体から内容の信用性に多大な疑問を抱かせるものだった。

しかも、Ｆ氏の上申書によると、三月一五日号で「別府大学関係者」とされるＦ氏は、聖嶽洞穴遺跡の第一次調査団について、賀川氏を含め、聖嶽に、他の遺跡から採取した石器を作為的に置いた可能性があることなどについては一言も述べていない。

Ｆ氏が上申書で問題だと指摘しているのは、聖嶽洞穴遺跡問題とは全く別件の縄文土器についてのものであった。すなわち、Ｆ氏が問題だと指摘する事項は、本件裁判とは全く無関係な事項だったのである。

Ｆ氏は上申書に、賀川氏から個人的に「購入」した縄文中期の関東型の縄文土器二点を、昭和三八年初め、宮崎市内のデパートで開催された「青島松添貝塚展」に出品し、大人気を博したが、賀川氏がそれをその後に不正に持ち帰ったと記載している。

しかし、弁護団が入手した「青島松添貝塚展」のパンフレットによると、縄文中期の関東型土器として、東京都ナラバル遺跡出土の土器と千葉県後見貝塚出土の土器二点が出品されたことがわかるが、いずれも、明確に別府大学所蔵と記載されており、Ｆ氏が経営した学園所蔵とはされておらず、Ｆ氏が取得したものとして出展されてはいない。

弁護団はこのパンフレットを証拠して提出した。

従って、縄文土器に関する上申書の内容は事実無根というべきである。にもかかわらず、文春側は、三月一五日号の報道に先立ち、Ｆ氏が問題だと指摘している事実の真偽について、賀川名誉教授に事実確認を行っていないし、「青島松添貝塚展」の資料等を確認したうえで、Ｆ氏の供述内容の真偽についての確認作業を行っていないのだ。

さらに、F氏は上申書で、賀川名誉教授が、自殺の前日にF氏に電話をかけた経緯を記している。しかし、これらも賀川氏がF氏に電話をかけた際には、賀川氏の作業を手伝う為に別府大学の下村助教授（現教授）が同席していた。

F氏はその場に複数の人物がいたことに気付いていなかったと思われる。早速下村助教授はF氏の主張する電話の内容を否定する上申書を提出し、この記述についても信用できないものであることが明らかになった。

また、F氏の考古学の経歴や、自ら経営する学園の問題、「青島松添貝塚展」の経緯などは、当時別府大学からの依頼で、その学園で教鞭を取っておられた方が詳しく、その方より、F氏の上申書を否定する上申書を提出していただいた。

その後、F氏より再反論の上申書が提出されたが、感情的なものに終始した内容であった。こうして、文春側から提出された、F氏の上申書の信頼性は完全に否定され、文春にとっては逆に不利な材料が増える結果に至ったのである。

（二）日本考古学協会の報告書

文春側は、春成秀爾氏・小田静夫氏・馬場悠男氏らの研究成果は、「聖嶽遺跡は遺跡とは考えられない」とするものであって、この結論は学問的なコンセンサスを得たものであると主張した。

確かに春成氏は文春側が裁判所に提出した乙一号証（『大分県聖嶽洞窟の発掘調査』春成秀爾編、一九九九年）において、「聖嶽洞窟は少なくとも旧石器時代の遺跡ではない」と記している。しかし、「捏造」された遺跡とはどこにも断定されておらず、第二次調査団の中においても遺跡の評価をめぐって意見の齟齬があることまで明記していた。これらの点で文春側の捏造遺跡についての立論は既に破綻していた。

そうした中で、平成一五（二〇〇三年）年一〇月二五日に、聖嶽洞穴について、検証作業を行なっていた日本考古学協会の調査検討委員会は、遺物の出土状況などを「『捏造』と断じることは困難」とする『聖嶽洞窟遺跡検証報告』と題する報告書をまとめ、公表した。

同報告書の結語では、報告の内容を以下のとおり要約している。

「第一次調査当時がなお、九州の旧石器時代研究の揺籃期であり、…この時期、旧石器時代と考えられた遺跡は数えるほどしかなかった。…Ⅲ層の堆積は旧石器時代にまで遡る可能性があり、長い休止期をへて中世以降にⅠ・Ⅱ層が形成されたのであれば、旧石器時代と縄文時代の石器がレベル差なく混在することもあり得るという。また、石器の分布をみると旧石器時代の石器と縄文時代の石器の分布にまとまりがあり、二次的に動いてはいるものの、本来の時期ごとの分布を一定程度反映している可能性があるという。

…石器の剥離技法の分析、およびパティナの電子顕微鏡下での観察の結果、聖嶽洞窟出土石器には旧石器時代と縄文時代の少なくとも二時期のものがあることが明らかになった。これにより、懸案であった「旧石器時代と縄文時代の石器の混在」の問題は決着したと判断される。型式学的分析から、出土石器は九州ナイフ形石器文化第Ⅱ期後半、後期旧石器文化期、縄文時代後・晩期の三時期に所属するという。また、ガジリをはじめとする石器のダメージについては、ガジリ、稜の潰れ、不整形なキズ、表面の細かなキズをもつ個体が多く、包含層の攪乱や人力による踏みつけが想定されるという。

さて、黒曜石産地の問題は重要である。化学的分析結果では、聖嶽洞窟出土石器はすべて西北九州産黒曜石であるものの、松浦半島松浦第三群、針尾島古里第二群、中町諸群、佐世保淀姫、嬉野椎葉川、武雄中野、多久梅原の黒曜石が使用されず、腰岳群、古里第一群、松浦第一・二群のものが使用されていて、島根県・広島県・山口県の旧石器群と酷似しているという。

また、黒曜石や安山岩は長距離の伝播をしていて、西北九州から聖嶽洞窟への距離は比較的短いことも事実である。…大分県下では、筑後川流域における後期旧石器時代の西北九州産黒曜石は二〇％程度なのに対し、細石器文化期では七〇％をこえる。ところが、大分県でも大野川流域ではいずれも〇・一～一パーセント程度とほとんど用いられていない。聖嶽洞窟が位置する大分県南部には他に旧石器時代遺跡の発見がなく、縄文時代早～前期の遺跡ではチャート、姫島産黒曜石が優越するものの、西北九州産黒曜石製石鏃・剥片が少量ながら存在する事実がある。縄文時代後・晩期になるとさらに西北九州産黒曜石の比率が増加することは周知のことである。…

疑惑は主として石器に集中しているが、縄文早期の年代を示すアナグマ、ヒト距骨、木炭の存在からみても、この洞窟に少なくとも縄文早期にヒトが足跡を残していることは明らかである。石器だけで遺跡を考えるべきではないことはもちろんのことであろう。

さらに、問題なのは、聖嶽洞窟は中・近世の遺跡でもあることである。一次調査報告段階からその事実は知られていながら、注目されなかったのは、あまりにも旧石器と人骨に関心が偏っていたからではないのか。二次調査報告書では中・近世埋葬を「山窩による墓壙を掘らない埋葬」の可能性があると考えているが、銅銭や毛抜きなどの副葬品は平野部の中世埋葬例と同じである。出土中・近世人骨の再検討結果は、これらが本来土中に埋葬されたものであり、さらに人骨も少なからず傷つけられていることを示しており、狭い洞窟内に一三体かそれ以上を埋葬するために何度も先行墓を掘り返し、攪乱していたことがうかがえる。墓壙は一・二次調査とも検出できておらず、通常中世の墓壙は八〇cm程度掘り込むことから、当時洞窟内にあった包含層を相当程度痛めつけたことが容易に想定できる。このような、中・近世における包含層の攪乱によって、洞窟内を同一個体が数メートルも移動して、小片が記しているように、人骨は洞窟内に流されたように散乱していたのである。土中でこれだけの攪乱＝破壊が行われたのならば、石器表面のダメージもガジリ面への土の付着もむしろ当然であろう。
…既出の業績に対して「捏造」もしくはそれに類した言葉で語るときには、証明が不可欠である。前・中期旧石器捏造事件においては毎日新聞の取材が捏造を明快に証明した。いま、私たちの眼前にはそのような証拠は一つもない。」

朝日新聞の宮代栄一記者は、「聖嶽洞窟遺跡検証報告」について、以下のように論説している。

「大きな成果は、中・近世の遺跡としての位置づけを明らかにしたことだろう。同遺跡が旧石器時代以降に墓地として使われた可能性は、〇一年出版の二次調査報告書でも指摘されていた。」「今回、田中良之氏が未調査だった古人骨を検討。計一三体以上が埋められ、その多くがかなり古い時期に傷つけられていたことが確認された。このことは洞穴内部が墓地としてかなり日常的に掘り返され、土層が大規模に破壊されていたことを示す。これらは捏造の証拠とされた石器の表面の傷なども生じさせた可能性があるという。」「旧石器時代と縄文時代で、同じ形の石器でも製作技法が異なることを実証した小畑弘己氏の研究は、聖嶽洞穴出土の石器群が、複数の時期にわたることを確実にした。」「今回の報告は、問題点を洗い直し、事実を積み重ねることで、疑惑を『一〇〇％払拭することは不可能』というただし書き付きながらも、『積極的に捏造を立証する証拠は何もない』

ことを明らかにした。周辺では黒曜石製石器の出土が少なく、同遺跡の特異性は残るが、現在なし得る限りの、誠実な学問的再評価がなされたというべきではなかろうか。」

このように、日本考古学協会による検証報告によっても、学問的にみて捏造を裏付ける証拠がないことが確認され、本件において、賀川名誉教授をはじめとする第一次調査団が聖嶽洞穴遺跡の捏造に関与していたとする推論の過程に合理性が存在しないこと、その他慰謝料の減額を正当化する証拠は何もないことが再確認された。

原告側は、第二次調査報告書に付載されている「聖嶽洞穴第一次調査出土石器および同遺跡出土とされる石器の検討会」の報告文書では、「遺跡の性格について、時期が異なるのに、同じような組成をもつ石器群が少なくとも三回にわたって連続して同じような状況で出土するのは不自然であるとの意見に対し、時期が異なる遺物が混在する状況は、包含層の薄い開地遺跡ではよくあることで、石器構成の独自（偏在）性は、埋葬遺跡という特殊性に起因する可能性もあるという意見がでた」とされていると指摘したが、日本考古学協会による検証報告によって、この指摘の妥当性が追認されている。

第二次調査報告書から、また日本考古学協会による検証報告からみても、「聖嶽遺跡は遺跡とは考えられない」との認定が学問的なコンセンサスであるとか、認定の根拠となった遺跡等の発掘状況を見るならば、聖嶽遺跡から出土したとされる遺物は「意図的」にそこに置かれたものであるとする文春側の立論が破綻していることは明らかである。

もちろん学問的に聖嶽遺跡がどのような遺跡であるかは、今後更に議論されるべき問題である。しかし、それは文春の記事とは全く次元の異なる問題である。

調査を担当した高倉洋彰・西南学院大学教授は、「捏造はないと一〇〇％言い切ることは不可能だが、限りなくシロに近い」としたうえで、「当時の学問レベルから考える限り、珍しかった旧石器を別の場所から持ってきて埋め込むより、その旧石器の発見自体を学会発表した方が、よほど業績になったのではないか」とコメントしている。

さらに、他の遺跡で採集した石器や人骨や木炭、そしてアナグマ肩甲骨等を作為的に聖嶽洞穴に持ち込んだのであれば、第一次調査で持ち込んだ石器や人骨や木炭やアナグマ肩甲骨等は「発見」され尽くされるはずであり、一部に取り残しがあったとしても、第二次調査でここまでの資料が別途検出されるはずはない。

第一次調査で出土した黒曜石製の石器は一四点である。第二次調査でも、黒曜石製の細石刃と不定形剥片石器の二点が検出されている。

第一次調査が実施された一九六二年当時、旧石器時代と考えられた遺跡は数えるほどしかなく、黒曜石製の石器は稀少価値があった。考古学者にとって、合計一六点もの貴重な黒曜石製の石器を、他の遺跡で採集しながら、採集の事実を学会発表することなく、あえて聖嶽洞穴に持ち込んで発見してみせるといった工作をする必要性など存在しなかったことは明らかである。

(三) 真実性の証明対象

文春側は、何が真実かの証明の対象は「疑惑」であるといった。すなわち、これは「疑惑」であって、捏造の断定ではないというのが彼らの主張である。

しかし、二月一日号で「大分『聖嶽人』はやはり捏造である」、三月一五日号で「『聖嶽洞穴遺跡』は別の四遺跡から集められていた」「もっと問題なのは、聖嶽から発見された黒曜石の産地」「つまり、この遺跡で発見された石器はすべて黒曜石製で、しかも、原産地は直線距離で百八十キロも離れた腰岳(佐賀県伊万里市)と、それより遠い牟田。大分県内にある姫島や、比較的近い阿蘇山(熊本県)の黒曜石は使われていない。そんな異常きわまる出土例は、約二百カ所ある大分県内の旧石器遺跡で、聖嶽以外には皆無なのだ。」との断定的な表現を用いていることからすれば、意図した報道が「疑惑」にとどまらないことは明らかであった。

また、そもそも真実性の証明対象が「疑惑」であるということには重大な問題をはらんでいる。すなわち疑惑があるという白黒の度合いを拡大解釈すれば、概ねどのようなことでも、疑惑の対象となり、そうしたアプローチは、そのまま報道被害へとつながる危険性を常にはらんでいる。誤解や、事実誤認、場合によっては悪意によって煽られた疑惑を「疑惑があることは真実である」との点で真実性を認めてしまうならば、無辜の人物に対して取り返しのつかない人権侵害をしてしまう可能性が出てくるのである。よって、真実性の証明対象が「疑惑」であるとする場合にはさらに厳密な公益性と、厳密な取材、疑惑の出所に対する信頼性の厳密な評価が不可欠であるはずである。

Ｆ氏の上申書からは文春側の証拠提出意図とは逆に、

一、本件一連の報道にあたっての文春側の取材が杜撰極まりないものであったこと。

二、文春側が、当初から聖嶽洞穴遺跡の学術的な疑問点を明らかにすることを目的としていた訳ではなかったこと。

三、考古学研究者でないＦ氏の供述の真偽について検証するつもりがなかったこと。

四、本件一連の記事によって、専ら、聖嶽洞穴遺跡が賀川名誉教授によって捏造されたものであることを報じることを目的としていたこと。

などが裏付けられた。

Ｆ氏の上申書は、結果として文春側による本件一連の報道の悪質さを裏付ける重要な証拠となったのは、なんとも皮肉なことであった。

(四)　相当性の抗弁について

今回の裁判では、文春における「相当性の抗弁」が妥当であるかどうかも大きな論点になった。

報道による名誉毀損の場合は、仮に、被告側によって、報道内容が真実であることを証明できなくても、それを報道した側が真実と信じる理由が明確であり、そのような報道をしてもやむを得ないほど、あらゆる方面から多角的に取材を尽くしたとされれば、原告側の請求は認められない。これを「相当性の抗弁」という。

今回の裁判でも、この「相当性の抗弁」を文春は行おうとし、自らの取材はたとえ真実は証明できなくても、充分に真実を語るに相当する十分な取材に裏付けられていると主張する。

この「相当性」という点について、最高裁第三小法廷平成一四年（二〇〇二年）での一月二九日の判決をはじめとする最高裁判例が、明確な指針を与えている。

それは、報道された事実が、たとえば犯罪行為の疑惑について、捜査当局の公式発表や刑事判決の事実認定に依拠していない場合は、真実に反する報道によって名誉を侵害される被害者の人格権を重視して、「相当の理由」の判断について厳格な解釈指針を明示した。

これは、報道機関に対して慎重な裏付け取材を要求することによって、報道・取材の姿勢につき厳しい警鐘を鳴らしているものと評価できるものであった。

マス・メディアの影響力が高度に発達した現代の情報化社会においては、ひとたび誤った報道がされると被害者の名誉の事後的な回復は現実には著しく困難である。また、報道機関相互の熾烈な競争等から、ともすれば迅速性の名のもとに正確性が犠牲にされる事態につながりかねない。

こうした今日の報道の実情をみると、報道内容の真実性は、報道機関としては常に至上の命題として厳重に認識されなければならない。

誤報の場合の「相当の理由」の判断にあたっては、裏付け取材、根拠資料、情報等の内容、態様・信用性等に関する厳密な精査を前提とした極めて厳格な解釈指針を堅持すべきである。

報道機関の任務は、真実を追求して正確な記事を読者に提供することにある。迅速であることを要するから不正確でもやむを得ないという考えを許容する余地はない。よって、「相当性」はあくまでも真実を求めて厳密に取材を尽くした上で、結果誤報であった場合にのみ認められる抗弁であって、最初から報道機関が「相当性」を意識して、そこに妥協して記事を掲載することは許されないと考えられる。

報道は、常に真実を追求すべきであり、そのためには取材に全力を注がなければならない。

このような「相当性」の解釈に対して、文春はどのような主張に出たのかは以下の通りである。

まず、文春側は、大分地裁判決の論拠の一つとして掲げている、別府大学の関係者の論考、および郷土史研究への取材の必要性について疑問を呈している。

つまり、学会の第一人者である春成氏・小田氏・馬場氏から話を聞けば、聖嶽問題についての取材は十分であり、何も別府大学関係者等への取材が充分でなくても「相当性」の抗弁たりうると主張しているのである。

しかし、大分地裁判決で認定されている、

一、「腰岳産黒曜石が使用された旧石器時代の遺跡には腰岳からの距離が聖嶽洞穴を超える宮崎県佐土原町所在の船野遺跡（二〇〇キロメートル），鹿児島市所在の加治屋園遺跡（一九〇キロメートル），同市所在の加栗山遺跡（二三五キロメートル）及び鹿児島県指宿市所在の小牧遺跡（同）が存在する。」

二、「大分県下で、西北九州産黒曜石は、大野川上流域にある政所馬渡遺跡（直入郡荻町），筑後川上流域の平草遺跡（日田郡天瀬町），亀石山遺跡（同）等で発見されており，このうち，平草遺跡は細石器文化期の遺跡で，限られた範囲から三〇数点の細石核・細石刃が出土しており，一点のナイフ形石器を除き，いずれも良質な西北九州産黒曜石で占められている。亀石山遺跡は細石器文化期の大遺跡で，二万点を超える多量の石器群が出土しているが，その大半は西北九州産の良質な黒曜石で，わずか一パーセント程が大野川流域の流紋岩が用いられている。」

等の事実は、「平草遺跡」『大分県日田郡天瀬地区遺跡群発掘調査報告書』（栗田勝弘、一九八二年、天瀬町教育委員会）、「大分県日田郡天瀬町亀石山遺跡の調査」『第一一回九州縄文研究会発表要旨』（今田秀樹、二〇〇一年）など、各遺跡の発掘調査結果をふまえた、あくまでも客観的な学術データに基づいた事実であり、報告者が別府大の関係者であるか否か、郷土史研究であるか否かによって、事実が否定されるといった性格のものではない。

つまり、この部分は解釈の問題ではなく、事実の問題なのである。

現に、春成氏・小田氏・馬場氏も、上記事実について、異なった発掘調査結果やデータの存在を指摘した上で、こうした事実関係に対しての異論を唱えているわけではない。

次に、記者が参照したという資料を検証してみる。

その資料の中で、春成氏や小田氏が編集した『図解・日本の人類遺跡』において、「旧石器人が使用した石器の石材は黒曜石、サヌカイト、頁岩、チャート…などのように多種類からなる。…黒曜石の原産地は全国で約五〇か所ほど知られているが、主要石材として使用されたものは、北海道の白滝、十勝三股、置戸、長野県の和田峠、霧ケ峰、八ケ岳、麦草峠、東京都伊豆諸島の神津島、神奈川県箱根山麓の畑宿、島根県の隠岐島、長崎県の腰岳などである。」としたうえで、旧石器時代の石材としては、「九州地方は黒曜石とサヌカイトが分布する。腰岳や出水などの黒曜石が全域に拡がり」とされている。

従って、腰岳が旧石器時代の九州で石材として使用された黒曜石の主要産地であり、腰岳産の黒曜石製の石器が九州全域に拡がっていたという事実こそが考古学界のコンセンサスであったといえよう。一審で被告のいう別府大の関係者の論考ないし郷土史研究も、春成氏や小田氏が編集した『図解・日本の人類遺跡』の記述内容と何ら矛盾しない。

従って、大分県内の旧石器時代の遺跡から出土した黒曜石製の石器が、腰岳産であることは何ら不自然なことではない。

また、同様に記者が参照したという『烏ん枕』第四九号では、

「大分県姫島村は、…旧石器時代よりも縄文時代に瀬戸内海を往き交う舟運によって各地の遺跡に黒曜石の石器を見出させている産地である。」

とされており、姫島産の黒曜石は、縄文時代以降の各地の遺跡から出土している旨報告されている。同じく『烏ん枕』第五一号によると、阿蘇黒曜石が、実際に使用された範囲は限定されている旨報告されている。春成氏や小田氏が編集した『図解・日本の人類遺跡』の、旧石器時代の石材に関する記述をみても、旧石器時代の黒曜石の産地として、阿蘇山は紹介されていない。

文春側が取材時に自ら参照したと申告した、『烏ん枕』や『図解・日本の人類遺跡』の記述内容をきちんと精査しておけば、聖嶽が旧石器時代の遺跡であるとすれば、聖嶽から発見された黒曜石製の石器が腰岳産であることが何ら不自然なことではないこと、阿蘇山の黒曜石が使われることの方が不自然であることに容易に気付くはずである。

日本考古学協会の『聖嶽洞窟遺跡検証報告』においても、

「西北九州産の黒曜石は山口県や鹿児島県でも使用されており、二〇〇キロメートルの範囲に交易などの手段で拡散しており、大分県南部地域で検出されても何ら不思議ではない。特に筑後川流域では西北九州産黒曜石がかなり高率で使用されており、地域集団間交流により石材の供給関係が成立していた可能性もある。聖嶽洞穴で発見された、台形石器、細石核、縄文時代の石刃状剥片は西

北九州の石材が使用される場合が多く、遠隔地においても西北九州産黒曜石を用いた石器が使用されている例は多い。」

とされている。

ところが、週刊文春の三月一五日号では、

「もっと問題なのは、聖嶽から発見された黒曜石の産地」

「つまり、この遺跡で発見された石器はすべて黒曜石製で、しかも、原産地は直線距離で百八十キロも離れた腰岳（佐賀県伊万里市）と、それより遠い牟田。大分県内にある姫島や、比較的近い阿蘇山（熊本県）の黒曜石は使われていない。そんな異常きわまる出土例は、約二百カ所ある大分県内の旧石器遺跡で、聖嶽以外には皆無なのだ。」

と断定的に報じている。

この号は、大分県内の旧石器遺跡で、姫島や阿蘇山の黒曜石が使われていない遺跡など皆無なのだと断定して報じているのであり、明らかな誤りであった。

しかも、「もっと問題なのは」と注記したうえで、聖嶽遺跡と腰岳との直線距離が離れていることを強調し、旧石器時代の九州地方の黒曜石製の石器の主要産地や黒曜石製の石器の分布状況についての学術上の報告を無視した暴論を展開し、そのうえで、「『第二の神の手』によっていつの時期かに、持ち込まれたとしか考えられないのだ。」と断定的に結論づけている。

旧石器時代の九州地方の黒曜石製石器の石材の主要産地や黒曜石製の石器の分布状況についての知識を持ち合わせていない一般の読者は、一月二五日号、二月一日号とともに、腰岳と聖嶽との距離を強調した三月一五日号を一読することによって、考古学者たちが口にしたくてもできないほど著名な賀川名誉教授が、元祖「神の手」である藤村氏と同様の手法で、遠く離れた腰岳付近の遺跡から採取した黒曜石製の石器を、聖嶽洞穴に持ち込んで遺跡を捏造したのだと思い込む。

文春側は、第二次調査団の団長であり、第二次調査団の報告書「Ⅲ部　発掘調査」や、「Ⅳ部　調査結果　一二章　一九六一・六二年出土の石器」の執筆を担当した橋昌信・別府大学教授や、本件記事二（二月一日号）で引用している「前期旧石器問題を考える」というシンポジウムで、「日本人および日本文化の起源に関する学際的研究」の代表者として発言していた尾本恵市・東京大学名誉教授への取材は一切行っていないのに、学界の第一人者でも、学者でもない、F氏への取材をしたとした上で、「別府大学関係者が驚くべき証言を始めたのだ」と強調し、三月一五日号を執筆し報道しているのであり、取材・報道姿勢の偏向性は顕著であった。

文春側が、当初より、聖嶽遺跡について、賀川名誉教授が藤村氏と同様の手法で「捏造」したものである旨報道することを目的とし、捏造報道にとって都合のよい不合理な事情のみを恣意的に組み合わせ、一連の記事を執筆し、報道したことは明らかであった。

これらの事実は全て取材の不備を示しているものであり、「相当性」を主張できるレベルのものではないことは明らかであった。

（五）賠償額の増額

本事件の場合、速報が必要ないわゆるニュース報道ではない。

文春側には、週刊文春に一連の記事を掲載するまでには、十分な取材時間が与えられていたはずである。

にもかかわらず、文春側は、春成氏・小田氏・馬場氏やF氏への簡単な取材のみで、「聖嶽遺跡は遺跡とは考えられない」と決めつけ、裏付け取材、根拠資料、情報等の内容、態様・信用性等に関する厳密な精査を実施せずに、聖嶽遺跡が賀川名誉教授によって「捏造」されたものである旨の一連の捏造報道を執拗に繰り返したのである。

原告側弁護団は、こうした週刊文春の取材の悪質性、すなわち、報道姿勢と報道内容、そして報道後の対応の悪質さすべてを斟酌した上で、謝罪広告の掲載方法や妥当な慰謝料額を算定した。もちろん、前述の通り、マス・メディアの影響力が高度に発達した現代の情報化社会においては、ひとたび誤った報道がされると被害者の名誉の事後的な回復は現実には著しく困難であることも考慮にいれた。

平成一五年（二〇〇三年）一〇月二〇日、写真週刊誌による交通事故の保険金疑惑報道で名誉を傷つけられたとして、熊本市の医療法人と理事長が、発行元の会社と当時の編集長らに損害賠償などを求めた訴訟があった。

この件で、東京高等裁判所は、一審・東京地裁判決より六六〇万円多い一九八〇万円の賠償を命じる判決を言い渡した。

このうち、理事長個人への賠償額は一四三〇万円に上っている。

大分地裁判決が指摘しているように、本件各記事は、元大学教授であり、考古学者としてこれまで長年にわたり研究・教育等に携わってきた賀川名誉教授に対する社会的評価を著しく低下させるものであり、一月二五日号には、藤村氏が手をかざしている写真が掲載され、その下に「元祖『神の手』もびっくり?」と記載するなど、不必要に刺激的な部分がある。

これらの事実から賀川名誉教授が本件各記事の掲載により、自殺を決意するに至るほど多大な精神的苦痛を受けていることが認められる。

しかも、本件各記事は約八八万部（事件当時）という多大な発行部数を有する週刊文春に三回にわたって掲載されたものである。

従って、弁護団は本件では、東京高裁平成一五年一〇月三〇日判決の事案にもまして高額な慰謝料が認められるべきだと主張した。

また、F氏の問題ついて、弁護団はこれを証拠提出した文春側を強く非難し、こうした応訴態度が、遺族や関係者をさらに傷つける点を考慮するならば、慰謝料にもそれが反映されるべきであると主張した。

Ｆ氏の上申書について特に問題なのは、文春側は、同書面の作成に被告および被告側弁護団が関与していることを福岡高裁で認めているにも関わらず、同書面の記述内容の大部分が、週刊文春の記事、および、本件裁判の争点である聖嶽遺跡とは関係がなく、更には公共の利害に何ら関係もない賀川名誉教授のプライバシーに関する事項で占められている。しかも、その内容が賀川名誉教授や遺族らの名誉を著しく侵害するものであり、その内容が全て根拠のない事項である点であった。

名誉が侵害された場合の、精神的損害の算定にあたっては、侵害行為後の加害者の態度が重要な要素として加味されなければならない。

文春側のＦ氏の上申書の作成への関与及び当審における証拠提出行為は、地裁における「小説　敗北」提出の試みとともに、侵害行為後の加害者の態度の悪質さや卑劣さを裏付けるものであり、慰謝料額の増額事由とされるべきものと考えられた。

三　判決――報道姿勢を厳しく批判、慰謝料増額

二〇〇四年二月二三日、福岡高裁の判決言渡しの日が来た。

この日も、多数の支援者が駆け付けた。傍聴希望者は傍聴席数をはるかに超え、傍聴券の抽選が行われるとともに、報道メディアも多数詰めかけており、今回の判決が社会的に非常に注目されていることを示していた。

裁判長は大分地裁の判決と同様に判決文の概要を読み上げた。それは、謝罪広告の掲載命令と慰謝料九二〇万円の支払いを命じる内容だった。

この福岡高裁の判決は、大分地裁では一部文春側の主張を認めていた「賀川名誉教授を捏造犯人と特定していない」などという点を排斥し、「賀川元教授が捏造に関与した疑いがあるとの印象を与えた事は明らかである」と、この事件が賀川名誉教授への名誉毀損に当たることを明確に認めていた。

また、真実性についても、聖嶽遺跡の考古学的価値が揺らいでいることについてのみ真実性を認めたが（その点は原告側にも何ら異論のない部分である）、遺跡の解釈に様々な可能性がある点などから、根拠の薄弱さを指摘している。

更に、賀川名誉教授が発掘直後から疑問点を表明している点、二次調査に協力的であった点などから、遺跡が捏造されたものであるということと、賀川氏がそれに関与したとする真実性は証明されていないとした。同時に、F氏の陳述書については、「私怨と言うべき強い敵対感情」を認め、「にわかに採用しがたい」と締めくくっている。

更に、相当性については、大分地裁の判決以上に、その根拠の薄弱さと取材の杜撰さなどに踏み込んだ点は高く評価できる内容であった。特に判決文では、

「（前略）各事実は一審被告河﨑が調査した文献に記載されていたり、調査すれば容易に明らかになる事実であったのに、一審被告らは、これらの事実の意義について検討したり調査したりすること

聖嶽訴訟　控訴審も遺族側勝訴

賠償920万円に増額

週刊文春による聖嶽（ひじりだき）洞穴遺跡（本匠村）のねつ造疑惑報道に抗議し、二〇〇一年三月に自殺した別府大学名誉教授賀川光夫氏＝当時（七八）＝の遺族三人が、同誌を発行する文芸春秋と編集長、取材記者に、同誌への謝罪広告掲載と三千三百万円の損害賠償を求めた訴訟の控訴審判決が二十三日、福岡高裁であった。小林克已裁判長は「記事は一方的な取材に基づき、遺族の神経を逆なでした」として、文芸春秋側に九百二十万円の支払いと謝罪広告の掲載を命じた。賠償額は一審の大分地裁判決より二百六十万円増えた。謝罪広告は趣旨を明確にするため、①掲載者名（文芸春秋と編集長、取材記者）②あて名（遺族三人）を記すよう命じ、掲載場所を特定した。

判決理由で小林裁判長は「記事は賀川氏が遺跡のねつ造に関与した疑いがあると報じたことは明らか。掲載の緊急性はなく、掲載に当たっては十分な裏付け調査が要求される」と指摘。「（取材は）賀川氏をいきなり訪問して話を聞いただけで（ねつ造の）疑問点を解明するような問答には至っていない。記事は賀川氏がねつ造に関与したと誤信させる内容で、掲載に相当の理由はない」と判断した。

謝罪広告については活字の大きさを指定し、原告側が求めたスペース指定はしなかったが、「掲載場所の指定は表現の自由を侵害しない」として掲載場所を特定した。

判決によると、週刊文春は〇一年一月から三月までの三回と、賀川氏の死後一回の計四回、聖嶽遺跡関係の記事を掲載。賀川氏は、三回目の記事が出た直後の三月九日夜、日出町内の自宅で自殺した。

画期的な判決　原告弁護団

原告弁護団は判決後、次の声明を発表した。

ねつ造報道が賀川名誉教授に対する名誉棄損に当たることを明確に認めた画期的な判決。記事内容が虚偽であると認めただけでなく、一審判決よりも大きく踏み込み、根拠の薄弱さを断罪したことは高く評価できる。

即刻上告する　週刊文春側

週刊文春の木俣正剛編集長は「容認しがたい判決であり、即刻上告する。小誌は聖嶽遺跡への疑問を記事にしたのであり、事実、その後すべての教科書から聖嶽遺跡の記述は消えることになった」とのコメントを出した。

「広告・グラビアを除く最初のページに謝罪を」　取材手法、厳しく批判

解説　控訴審判決は文芸春秋側の報道姿勢を批判、同社にとって一審以上に厳しい内容だった。

特に、賀川氏が自殺する直前に掲載された三回目の記事について、「賀川氏に敵対感情を抱いていると容易に知りうる人物からの一方的な取材に基づいて執筆したことは、報道機関としては著しく軽率」と指弾。

さらに、自殺後に掲載した記事は「自己の正当性のみを強調し、遺族の神経を逆なでするような内容」と批判した。自殺という重大な結果を招いたことに対し、裁判所側も「異例」（原告側弁護団）の明確な表現をしたと言える。

謝罪広告は、掲載場所を「広告・グラビアを除いて表表紙から最初のページ」と特定し、スペースについては指定しなかった。文面、活字の大きさという制約がある中で、同社側の裁量の余地をわずかに残した。

控訴審判決の「勝利」に喜ぶ支援者（福岡高裁前）＝写真上＝と支援者集会であいさつする原告、弁護団

「ありがとう」笑顔の遺族　支援者集会

「本当にありがとうございました」。一審を上回る内容の判決に、原告の遺族は笑顔を見せた。しかし、「父は帰ってこない。（文春から受けた）痛みは消えない」と無念さは変わらない。「これ以上、報道被害を広げないでほしい」と訴えた。

判決後、福岡高裁近くの福岡市立中央市民センターホールで支援者集会が開かれた。友人・知人や教え子ら九州各地からの約二百人が参加。遺族側からは亡き賀川氏の妻トシコさん（八〇）と長男洋さん（[illegible]）、二男真さん（[illegible]）らが出席した。

弁護団長の徳田靖之弁護士らが判決内容を報告。一審判決より踏み込み、文春の取材姿勢を厳しく批判した内容を、「大変いい判決だった」と高く評価。文春側が上告したとしても、「もう敗れることはないだろう」との見通しを語った。

洋さんら遺族三人は「本当にありがとうございました」と頭を下げ、支援者に感謝するあいさつをした。

支援する会の梅木秀徳会長と九州大学名誉教授の西谷正さんが「学問を愛した賀川氏の遺志を継いで、考古学など学問全体のために頑張っていきたい」と決意を表明。九州考古学会の元会長、渡辺正気さんが「賀川氏は罪なく十字架に架けられた。考古学が発展すれば、正しい経緯がきっと書かれるだろう」と話した。

賀川さんが文春に抗議の自殺をして、ことし三月で丸三年。支援する会などは三月十三日、別府市内でしのぶ会を催す。

大分合同新聞　平成16年2月24日　朝刊

なく（中略）聖嶽洞穴遺跡は捏造されたものと断定したものである。」

とし、更にF氏に関する部分については、

「私怨と言うべき敵対感情を抱いていると容易に知りうるF氏からの一方的な取材に基づいて、賀川元教授が遺跡捏造に関与した疑いがあるとの印象を決定的に強める本件記事三（三月一五日号）を執筆したことは、報道機関としては著しく軽率であったと言うべきである。」

と、強く非難している。

更に賀川自殺後に出された週刊文春三月二二日号に対しては、

「自己の正当性のみを強調し、遺族の神経を逆なでするような内容になっている。」

と認めている。これらのことにより損害賠償額は大幅に増額された。

遺族および弁護団が最も重視した謝罪広告については、判決は掲載場所をより具体的に特定するとともに、文春側が指摘した死者に対する謝罪広告否定論と表現の自由に対する侵害論を明確に否定し、大分地裁より踏み込んだ判断をした。

本事件は、学者としての名誉が著しく侵害され、被害者が死に至った判例上初めてのケースであり、名誉の侵害がいかに回復し難い深刻なものであるかを裁判所が正当に評価した結果と考えられる。

そこで、弁護団は次のような声明を発表した。

控訴審判決に対する弁護団声明

平成一六年二月二三日
賀川名誉毀損事件弁護団

本日の福岡高等裁判所における判決は、週刊文春の聖嶽遺跡捏造報道が賀川名誉教授に対する名誉毀損にあたることを明確に認めた画期的な判決です。

特に、判決が単に記事内容が虚偽であることを認めただけでなく、一審判決よりも大きく踏み込んで、その根拠の薄弱さと取材の杜撰さを断罪したことは、極めて高く評価することができます。

しかも、判決は、遺族が最も重視した謝罪広告についてより踏み込んだ判断をし、相当程度の賠償額を認容しました。本事件は、学者としての名誉が著しく侵害され、被害者が死に至った判例上初めてのケースであり、学者としての名誉の侵害がいかに回復し難い深刻なものであるかを裁判所が正当に評価した結果と考えます。

私たちとしては、本日の判決によって、賀川名誉教授の名誉が少しでも回復することを期待するとともに、本件記事に死をもって抗議した賀川名誉教授の思いが些かでも報われればと念じるばかりです。

このうえは、一審被告文藝春秋社らが二度にわたる判決を厳粛に受け止め、上告を断念したうえで、二度と同じ過ちを繰り返さないように、真摯な努力を尽くすことを強く期待するものです。

以上

裁判経過表（福岡高裁）

二〇〇三・〇五・一五　大分地裁判決。謝罪広告と慰謝料六六〇万円。
〇五・一八　文春側の控訴状が大分地裁で受け付けられる。
〇五・二八　遺族も控訴。謝罪広告と慰謝料三三〇〇万円
〇六・一八　福岡高裁に記録到着。（平成一五年ネ第五三四号）
〇七・一七　遺族が控訴理由書を提出。

○九・二九　福岡高裁第一回期日。
文春：控訴状、準備書面、答弁書。乙三五（F氏上申書）乙三六〜三九（別大の管理問題に関する新聞）
遺族：控訴状、控訴理由書、答弁書。
一〇・二五　日本考古学協会が『聖嶽洞窟遺跡検証報告』を出す。
一二・一一　福岡高裁第二回期日（結審）。
文春：一二月一一日準備書面。乙四〇〜六〇（日本史教科書）、乙六一（河崎陳述書）
遺族：一一月一七日準備書面、一二月一〇日準備書面、甲五八〜六四（日本考古学協会報告、新聞記事、縄文文化展パンフ、鈴木陳述書、下村陳述書、苅谷俊介『土と役者と考古学』）、意見陳述

二〇〇四・〇二・二三　福岡高裁判決。謝罪広告と慰謝料九二〇万円。

第二章　勝訴へ

一　文春の上告

文芸春秋社側は、福岡高裁の判決を不服として、最高裁判所に「上告」及び「上告受理申立」を行った。

「上告」と「上告受理申立」という制度は、最高裁判所の負担を軽減し、本来の仕事（違憲審査と法令解釈の統一）に集中できるようにするためのシステムで、「上告」の理由を憲法違反等に限定するとともに、従来、上告理由とされていた憲法以外の例えば民法等の法令の解釈に関するもので重要なものについて申し立てるものを「上告受理申立」として扱うという制度に振り分けたものだ。「上告受理申立」という制度に振り分けられると、最高裁としてそれを受理するか否かを判断すればよいという制度であり、受理決定があって初めて上告があったものとみなされる制度である。

文春はその双方を申し立ててきた。

文春の理由書の内容は多岐にわたるが、概要は次のとおりであった。

「上告理由書」は次の三点で構成されていた。
一、本裁判における真実性の証明対象は「聖嶽遺跡が捏造された遺跡であり、賀川名誉教授が捏造に関与したこと（捏造の事実）」ではなく「捏造と捏造関与の〝疑い〟があること（疑惑の存在）」である。しかし、その証明対象は何かという点で、福岡高裁の判決には理由の不備ないし理由の食い違いがある。
二、「疑惑の存在」というのは、そもそも「事実」といった性質のものではなく、「意見ないし論評」である。この事は証拠によって左右されるものではなく、真実性、相当性の証明対象は、その「意見ないし論評」の前提である事実の部分にとどまり、福岡高裁判決は、事実から「意見ないし論評」を導く際の合理性までを問題にしているので、憲法二一条（表現の自由）に反する。
三、謝罪広告の掲載を命じた福岡高裁の判決は、報道機関の編集権への直接的介入であって、報道の自由（憲法二一条）、沈黙の自由（憲法二一条）に反するし、謝罪させることは思想・良心の自由を保障する憲法一九条に反する。

以上の三点である。特に、謝罪広告の掲載の点にはかなり抵抗をしており、外国判例などを引用して論述を展開していた。

「これは、被害者の痛みや、報道のモラルという問題から、なにか神学論争のような、理論の検証じみたものになってきたな。被害者の生の痛みが、どんどん疎外されて行くようだね」

被害者の長男である賀川洋氏は、文春の上告理由を弁護団からきいて、ふとこのようにつぶやいた。

文春の主張を平たく解説すればこうなる。

まず、週刊文春は、もともと捏造があったと断定しているのではなく、その「疑い」があると報道したわけで、それは、「意見ないし論評」を表明することに他ならない。

いわゆる真実性、相当性の証明は、この場合「疑い」にあって、その原因となる事実は、「聖嶽遺跡が旧石器時代の遺跡であるいう評価は見直さざるを得ないと言う事実」に他ならない。

そこから、捏造の疑いがあると推論することは、「表現の自由」で保障されているはずだというのがその主旨である。

文春が最高裁に提出した「上告理由書」において展開されている論旨をさらに要約すると、前述の事実から、聖嶽遺跡は捏造された疑いもあり、もしそうならば、捏造が可能なのは第一次調査参加者の可能性が高く、賀川名誉教授はその団長であったので捏造に関与した疑いをもたれて当然である、となるわけだ。文春の主張は、遺跡に旧石器時代のものかどうかの疑いがある以上、一つの可能性として、捏造ではないかという疑いがあると推理することはあり得るわけで、疑いを表明するのは「言論の自由」

という、憲法で保障された権利であるということになるのである。

一方、「上告受理申立理由書」は、次の二点で構成されていた。

一、「疑惑の存在」というのは「意見ないし論評」であり、その合理性を問題にしている福岡高裁判決は、民法七〇九条（不法行為の用件と効果）及び七一〇条（名誉等非財産的損害の賠償）並びに最高裁判例に反する。

二、報道客体が死亡した以上、死者のために謝罪広告の掲載を認めるのは、民法七〇九条、七一〇条、七二三条（名誉毀損における特則）、八九六条（相続の一般的効力）の解釈を誤り、最高裁判例に反する。

ということであった。

これらの主張のうち一は、「上告理由書」で述べられている「意見ないし論評」の問題で、これを憲法ではなく、民法と最高裁判例違反という土俵で展開したものである。

特に、文春の引用にかかる平成九年九月九日最高裁判決は、事実を摘示しての表現でも、意見ないし論評の表明であっても、名誉毀損は成立するが、その両者で要件が異なることを示したものである。

しかし、その文春指摘の最高裁判決の中でも、両者の区別にあたっては一般読者の普通の読み方を基準にすることを明言し、仮に、第三者からの伝聞内容の紹介や推論の形式など間接的、婉曲的表現をとっていても、事実の摘示と理解されることを示していた。すなわち、最高裁判決の基準に従えば、本件報道は捏造疑惑という間接的、婉曲的な表現をとった箇所があっても、一般読者の普通の読み方を基準にすると、捏造という事実を摘示したものに外ならなかった。

二についても、控訴審のところで述べた反論に尽きる。

特に、文春の引用にかかる昭和四五年一二月一八日最高裁判決は、民法七二三条にいう「名誉」の中に、主観的な名誉感情を害する場合も含まれるか、主観的な名誉感情を害した場合に「原状回復処分」（この事件では謝罪文書の交付など）を命じうるかについて判断したものであった。その中で、原状回復処分（謝罪広告など）を命じうることを認めた趣旨は、毀損された被害者の人格的価値に対する社会的、客観的な評価自体を回復することを可能ならしめるためにある、と判示したものであった。この点を捉えて、文春は、被害者が死亡すれば人格的価値は存在しなくなる、と主張したのであった。

このように、文芸春秋社は、最高裁判例の変更を狙ってきたが、これまでの審理で明らかになった事実と証拠に照らせば、本件では速やかに文春側の主張が排斥されるべきものと考えられた。

二　上告棄却――ようやく晴れた疑い

二〇〇四年七月五日、最高裁が上告受理申立事件（平成一六年受第九四六号）について、不受理決定をし、同日、最高裁から徳田法律事務所にその旨連絡が入った。

また、上告事件について、一五日の判決期日の電話連絡が入った。

これは、最高裁が上告審として受理するか否か裁量で決められるという事件について、最高裁としては受理しないことを示したのだ。つまり、この平成一六年受第九四六号上告受理申立事件は文春の言い分を排斥し終了したのだった。

上告受理申立事件は、これで終了したが、法的には、上告事件の判断がまだであった。上告事件についての判決期日は七月一五日であるとのことであった。

しかし、原判決を変更する場合に必要な口頭弁論を開いていないことや、上告受理申立事件ですら、文春の言い分を排斥したのだから、よりハードルの高いと見られる上告事件では、なおさら文春の言い分を排斥する、つまり原告側勝訴の可能性が高まったと判断できる状況になった。

最高裁判所の最終判断は、二〇〇四年七月一五日に判決として言い渡された。

この日は、晴天で朝から非常に蒸し暑かった。東京の最高裁には午前一〇時前から賀川真氏、法廷傍聴を希望する支援会の方が集結した。他方、賀川トシコ氏、賀川洋氏は大分にて多くの支援者、弁護団と判決を待った。

午前一〇時過ぎ、最高裁第一小法廷にて、文春からの上告事件（平成一六年オ第九一一号）について、上告棄却の判決が言い渡された。

聖嶽訴訟で最高裁

遺族側の勝訴確定

謝罪広告命令は合憲

「週刊文春」の聖嶽（ひじりだき）洞穴遺跡＝本匠村＝ねつ造疑惑報道に抗議し、二〇〇一年三月に自殺した賀川光夫・元別府大学名誉教授＝当時(七八)＝の遺族三人が、同誌を発行する文芸春秋などに損害賠償などを求めた訴訟の上告審判決で、最高裁第一小法廷（オロ千晴裁判長）は十五日、遺族側の請求を認めた二審福岡高裁判決を支持し、被告文芸春秋側の上告を棄却した。遺族側の勝訴が確定した。

判決が確定し喜ぶ原告の賀川真さん（右）や支援者（最高裁前で）

オロ裁判長は判決理由で、「謝罪広告の内容が単に事態の真相を告白し、陳謝の意を表明するにとどまる程度の場合、憲法に違反しない」と指摘した。

福岡高裁判決によると、週刊文春は二〇〇一年一―三月、聖嶽洞穴遺跡で賀川氏が石器などをねつ造したかのように報道。賀川氏は「死をもって抗議する」と遺書を残して自殺した。

同高裁は「記事は賀川氏がねつ造に関与したと誤信させる内容で、掲載に相当の理由はない」と判断。謝罪広告の位置を「雑誌の最初のページ」と指定し、一審大分地裁判決の認容額六百六十万円を九百二十万円に増額した。

文芸春秋側は謝罪広告について、「自らの紙誌面に何を掲載するかという最も基本的な権利を報道機関から奪い、掲載を拒否している内容を掲載させるもので、憲法で保障された表現の自由から導かれる報道の自由に違反する」などとして上告していた。

聖嶽洞穴遺跡は一九六二年、賀川氏らの調査で旧石器時代とされたが、九九年の再調査で「旧石器時代とは確認できない」と報告された。

最高裁第一小法廷には、原告で賀川氏の二男、賀川真さん(四二)＝東京都在住＝が出廷。支援者ら約十人も傍聴した。

予想通り上告棄却の判決が言い渡されると、賀川さんはほっとした表情。支援者らは裁判所前で「勝訴」の垂れ幕を出して喜んだ。賀川さんは「大分地裁から始まり、やっとここまで来た。完全勝訴で、苦労が実りうれしく思っている。皆さんに注目していただいて本当にありがとうございました。文芸春秋側が判決を履行し、父の墓前に手を合わせて心から謝罪してほしい」と話した。

報道被害繰り返すな

遺族側弁護団の声明

判決は高く評価できる。判決と謝罪広告によって、賀川氏の名誉が回復することを強く期待するとともに、本件のような報道被害が二度と繰り返されないための礎となればと祈念する。

文芸春秋社長室の話

我々の主張が一切、入れられず残念である。

大分合同新聞
平成16年7月15日夕刊

本件上告を棄却する。

訴訟費用は上告人の負担とする。

言い渡しそのものは、ごくあっさりしたものであったが、その意味するところは非常に重かった。司法府の頂点に立つ最高裁が、執拗に争ってくる文春の言い分をことごとく排斥し、福岡高裁の画期的な判決を追認し、確定させた。

最高裁で直接判決を聞いた賀川真氏は、取材に来たマスコミ各社に率直な喜びを語るとともに、最高裁まで駆けつけていただいた支援者の方々に深々と頭を下げた。

東京での判決確定を受けて、午後二時三〇分から、大分県弁護士会館四階大会議室にて遺族・弁護団の記者会見および報告集会が開かれた。そこで、長男の賀川洋氏は喜びの声を伝えるとともに、遺族代表として次のような声明を出した。

遺族声明

すでに三年以上の月日が経ちました。

まず、この長い道を一緒に闘い、支援をいただいた多くの方々、そして大分地方裁判所から最高裁判所での判決に至るまで、ご指導いただき、今回の勝訴へと私どもを導いてくださった弁護団の方々に、心からお礼申し上げます。

この裁判は、我々遺族にとっては、たんに父の無念を晴らすためだけの裁判ではありませんでした。今回の裁判は、報道被害という社会問題と真っ向から向き合い、杜撰な取材と興味本位の記事で弱者を傷つけ、本来報道をもって正義と真実を問いかけなければならないマスコミが、自らその使命を放棄した行為に対して、ぶつけられるだけの怒りをもって抗議した結果の裁判だったのです。

もとより、勝訴に酔いしれているわけでもございません。文藝春秋が、そして何よりも、一人の老人の命を奪ってしまった週刊文春の関係者が、本当に、心から悔悟の念にうなだれ、自らの姿勢を改め、今後少しでも報道の本来の使命に忠実たろうと心に誓ったかどうか。その一点を今もなお、確認したい気持ちで一杯なのです。そして、できることなら、その誓いをもって、父の墓前で手を合わせていただきたく、切に願うものであります。

まだまだ、これからも報道被害はなくならないかもしれません。しかし、言葉の凶器を使用した犯罪ともいえるこれらの行為が、いかに深刻な結果を招来するかということが、この裁判で広く世に問いかけられたことは、一つの前進といえるかもしれません。

文藝春秋社は、裁判で報道を規制する行為が憲法違反であると主張しました。報道の自由は絶対に必要です。しかし、自由だからといって人を傷つけたり、人の大切なものを奪ったりすることが許されないように、報道の自由があるからこそ、報道する側の義務と責任もまた問われなければならないのです。そこのところを取り違えた文藝春秋の反論は、巨大化したマスコミのおごりであり、文章の力を誤用し、見誤った、開き直りにすぎないといっても過言ではないはずです。

我々遺族にとっては、何がおきても、もう父は戻ってこないのです。その深い傷が、このような杜撰な報道と、その報道に携わった関係者のおごりによって齎されたものであることを知れば知るほど、裁判は終わっても、勝訴でよかったねとピリオドを打つ気には毛頭なれないのです。

今回の勝訴が、報道機関が自らの姿を見つめ直し、緻密で執拗な取材に基づき、事実を追求し、それを視聴者、読者に公正に問いかけてゆくきっかけになれば、それでも我々は闘ってきた甲斐があったと、父にも報告できるものと思っております。
支援団体の皆様、弁護団の皆様、そして今回の裁判を注視していただいた全国の皆様、本当にありがとうございました。

平成一六年七月一五日
賀川家一同

最高裁で判決が確定したことに伴い、弁護団も声明を発表した。

最高裁判決に対する弁護団声明

平成一六年七月一五日
賀川名誉毀損事件弁護団

これまでの審理で、週刊文春の聖嶽遺跡捏造報道が賀川名誉教授に対する名誉毀損にあたること、学者としての名誉の侵害が回復し難い深刻なものであること、文春の記事内容が虚偽であること等を明らかにしてきましたし、文春報道の根拠の薄弱さと取材の杜撰さを余すところなく明らかにしてきました。そして、福岡高裁の判決は、文春側の真実性の抗弁、相当性の抗弁を排斥するとともに、文春の報道姿勢を厳しく断罪しました。

本日の判決によっても、失われた命は帰ってきません。しかし、私たちとしては、本日の判決及び謝罪広告によって、賀川名誉教授の名誉が回復することを強く期待するとともに、本件記事に死をもって抗議した賀川名誉教授の思いが些かでも報われればと念じるばかりです。

このうえは、文藝春秋らにおいて、貴重な命が失われたという事実及び最高裁判決を厳粛に受け止め、二度と同じ過ちを繰り返さないように、真摯な努力を尽くすことを強く期待するものです。

そして、今回の判決が本件のような報道被害が二度と繰り返されないための礎となればと祈念するばかりです。

以　上

速やかに最高裁の判断が出たことは、賀川名誉教授の名誉回復のためには喜ばしいことであった。迅速な審理が最高裁でも実現したということは、それだけ文春の取材が杜撰で、名誉侵害の程度が甚だしく、名誉回復の必要性が高かったことの証左と考えられる。

裁判経過表（最高裁）

二〇〇四・〇二・二四　福岡高裁判決。謝罪広告と慰謝料九二〇万円。
文春側が上告及び上告受理申立。

〇四・二七　文春側の上告理由書、上告受理申立理由書が高裁に受け付けられる。
五月の連休明けに、福岡高裁が記録の整理。最高裁へ記録の送付。

〇六・〇一　最高裁に記録到着。

〇六・〇三　記録到着通知書が徳田法律事務所に到着。最高裁での事件番号が判明。

〇六・〇四　最高裁で、文春側の上告理由書及び上告受理申立理由書の副本を入手する。

〇七・〇五　最高裁が上告受理申立事件（平成一六年受第九四六号）について不受理決定。同日、最高裁からその旨、及び一五日の判決期日について電話連絡が入る。

〇七・一五　最高裁が上告事件（平成一六年オ第九一一号）について上告棄却の判決。

三　謝罪広告の掲載

司法での判決は確定した。

では、文春側は謝罪広告をいつ掲載するのか。あれだけ抵抗していたのだから、掲載しないのではないか。いや、最高裁の指示にも従わないことはないだろう。最高裁の判断が出たから、潔く非を認めるのではないか。潔く非を認めて欲しい。いや、文春は謝罪広告を掲載するにしても、目立たないように、謝罪広告の効果をより減らすようにするのではないか。

判決確定後、遺族や支援者の中には、このような不安や見解があった。最高裁判決後、謝罪広告の掲載はまだか、まだかと、誰もが待っていた。

判決後、毎週出る週刊文春をチェックし、なかなか謝罪広告が掲載されないことにいらだちを感じるものもあった。弁護団も、謝罪広告掲載命令の実現のために、もしも文春が広告掲載を先延ばしにした場合に備えて、週刊文春に判決に従った広告掲載を行うことを求める「間接強制の申し立て」の準備に取りかかっていた。

間接強制というのは、判決内容を実行しない場合は、例えば一日につきいくらを支払え、という罰金強制のようなものを付けて、判決の実行を迫る手段である。

そのようなとき、週刊文春二〇〇四年九月二日号に謝罪広告が掲載された。掲載場所は、目次頁の下段で、通常なら一般の商業広告が掲載される場所であった。

故賀川光夫別府大学名誉教授に対する謝罪文

週刊文春二〇〇一年一月二五日号、同年二月一日号、同年三月一五日号において昭和三〇年代に大分県聖嶽洞穴遺跡から採取された石器が捏造であり、同遺跡の発掘調査の責任者であった賀川光夫別府大学名誉教授があたかもその捏造に関与した疑いがあると受け取られる一連の記事を掲載しましたが、これらの記事のうち、石器が捏造であること及び同教授がこの捏造に関与したことは事実ではありませんでした。

この記事により、故賀川光夫別府大学名誉教授の名誉を傷つけ、ご迷惑をおかけしたことをお詫びします。

株式会社 文藝春秋 代表者代表取締役 上野 徹　週刊文春前編集長 木俣正剛　取材記者 河﨑貴一

賀川トシコ様　賀川 洋様　賀川 真様

名誉回復のための謝罪広告であるから、読者に目立つ場所に掲載されなければならない。本件では謝罪広告が週刊文春の目次頁に掲載されたことは、画期的と評価できるものであった。ただし、週刊文春は同じ号で「最高裁『謝罪広告命令』先進国では日本だけ」との記事を掲載した。

内容は謝罪広告掲載を命じた最高裁判決を強く批判するものであった。もちろん憲法議論を行い、謝罪広告命令の是非を論じるのは自由である。しかし、謝罪広告掲載号においてこのような記事を掲載することは、事実上謝罪を拒否した行為であり、謝罪対象であった遺族としては非常に割り切れないものを感じずにはいられなかった。

その後、この記事は他のメディアからも批判される結果となった。

いずれにしろ、賀川名誉教授の名誉回復は最高裁でも認められ、司法的には本件は一件落着となったのである。

第三章　文春の裁判姿勢

一　文芸春秋社は裁判を尊重していたのか

裁判が終わり、結果は勝訴であった。

そして、文芸春秋社は、判決に従って慰謝料を支払い、週刊文春に謝罪広告も掲載した。これによって、賀川光夫別府大学名誉教授の自殺からおおよそ三年半に及ぶ、抗議と係争の日々は終わった。

しかし、遺族、弁護団、そして支援団体等の関係者の気持ちが、晴れ晴れとしたものになったかというとそうではない。この抗議から係争に至る間、どこまで文芸春秋社が真摯に対応し、対処してきたかを考えると、なんともやるせないものが残ってしまう。

そこで、ここに改めて、今回の裁判での文春の態度と対応を振り返ってみる。

ここでは本件訴訟の争点として次の二点に注目してみたい。

第一は、週刊文春の記事が聖嶽遺跡を「捏造」と断定しているかどうかであり、

第二は、その「捏造」した者が賀川名誉教授であると特定しているかどうかである。

これらの争点は、既に訴状において明確にされており、原告らは、この内第一の争点に関し、週刊文春が元祖「神の手」として藤村氏の写真を掲載した上で、「第二の神の手が大分『聖嶽人』周辺にいる」と報道し、「大分『聖嶽人』はやはり捏造である」と見出しを付していることを指摘していた。従って、原告らとしては、週刊文春が、聖嶽遺跡について、藤村氏と同様な手法、つまり発掘者が予め石器等を埋め込んでおいてこれを発掘してみせるという手法を用いて遺跡を捏造したと報道していることを重視し、これを明確にしておいたのである。

文春側が裁判所に最初に提出した書面は二〇〇一年一二月二五日付答弁書である。

ここでは、原告らのこの点に関する主張について、概ね認めるとされていた。ところが、その三ヶ月後に提出された文春の第一準備書面は、こうした原告らの指摘に対して直接的に答えることをせず、聖嶽遺跡の考古学上の疑問点を羅列することに終始していた。

そこで原告らは、文春に対して、記事で使用した「第二の神の手」や「捏造」の意味を明らかにするよう求めた。法律用語でいう「求釈明の申立」である。

これに答えて文春が提出したのが第二準備書面である。

この書面には、何と「大分『聖嶽人』はやはり捏造である」とは、「聖嶽遺跡は考古学上無価値であるとの結論を伝達するものである」と記載されていた。

この書面を受取った遺族や代理人である弁護士たちは、思わずわが目を疑わざるをえなかった。遺跡が考古学上無価値ということがそのまま捏造につながるものだというのである。

捏造という言葉は、「事実でないことを事実のようにこしらえて言うこと」（広辞苑）である。それ以外には、如何なる意味も持ちえない。まして、週刊文春の記事は、元祖「神の手」として藤村氏の写真を掲載し、「第二の神の手」と報じているのであるから、遺跡の捏造とは、まさに藤村氏の手法として伝えられた「発掘者自らによる遺跡の作出行為」であることは誰の目にも明白だったからである。

文芸春秋社は日本を代表する出版社の一つであり、その訴訟代理人も著名な弁護士がつとめている。その出版社が一流の弁護士を介して行う弁明が、これほどまでに国語的解釈をも無視した理不尽なものであるということを、どのように理解すればよいのか。

勿論、これは苦しまぎれの弁明にすぎない。訴訟当事者となれば、国であれ大企業であれ、勝算に乏しい訴訟に直面すれば、「綺麗事」で対応しえなくなることは避け難いところではあるだろう。しかし、文春のこうした「捏造」に関する主張は、その度を余りにも越していて、敗訴を免れるための苦しまぎれの言い逃れというよりは、文春という会社自体の裁判という制度そのものに対する「侮蔑観」を反映したものと言うべきではないかと思われる。

すなわち「多少問題のある記事を掲載して名誉を傷つけたとしても、売れればよいのであり、裁判に負けたところで、わずかな金額を支払えばそれですむ」という訴訟観である。

その意味で、判決がこうした文春の訴訟観の変容を迫るものとならない限り、今後とも文春による報道被害は、あとを絶たないというほかはなく、本件訴訟の担った課題もこの点にあったということである。

二　F氏の「小説」を証拠申請

文春側は、本件裁判での証拠として、作成者F、文書の表題「小説　敗北」なる書面を、大分地裁に申請してきた。

民事裁判では、刑事裁判のような厳格な証拠制限はない。その証拠の評価は裁判官が判断するということで、民事裁判では多くの書類が証拠として提出される。

しかし、文春側は作成者を知りつつ匿名の状態で「F」として、しかも、「小説」との表題の文書を、事実を証明しようとする裁判の証拠として申請してきたのだ。

つまり、どこの誰だかわからない人物が書いた「小説」、つまりフィクションを裁判において証拠申請してきたのである。

このこと自体通常の裁判における常識では考えられない行為であった。更に、内容を見ると、賀川名誉教授に対する悪意に満ちており、賀川に恨みのある人物、あるいは賀川を快く思わない人物が書いたものと想像された。

文春側は、そのような「小説」まで、裁判所に申請するような裁判姿勢だったのである。大分地裁が、そのような誰が作成したかも分からない証拠を却下したことはいうまでもない。

三　謝罪広告と抱き合わせの弁明記事

最高裁での判断が下された後、週刊文春に掲載された謝罪広告の真上に、次のような項目が踊っていた。

「最高裁『謝罪広告掲載命令』先進国では日本だけ」…一五七

該当頁を見ると、「今週号の目次ページ（謝罪広告）をご覧になって、違和感を覚えた方も多かったと思う。（中略）なぜ、この文章を掲載したのか。また、この一件に関する小誌の見解を、以下に詳しく述べていきたい。」

とし、「小誌は、改めるべきは改め、謝罪すべきは謝罪する」と記載している。

しかし、本件謝罪広告は「小誌の自発的意思で掲載したものでは決してないのである」と断定し、中国の文化大革命時代を引用しつつ、「報道機関にとっては、極めて屈辱的な強制なのである」と記載していた。

そもそも、謝罪広告の掲載が命じられた理由は、文春報道により賀川名誉教授の名誉が大きく傷つけられたことから、名誉の原状回復を図るためであり、その名誉回復に資する方法として、謝罪広告という手段が選ばれた、のである。

文春は、謝罪広告が嫌ならば、賀川の名誉回復のために別の方法を提示すれば良いだけである。謝罪広告以外の賀川の名誉がもとに戻る方法を原告側に提示してきていれば、原告としてもその提案内容を真剣に検討したのである。

文春に限らず言論界は、名誉毀損事件が発生した場合における、何らかの名誉回復措置を自主的に検討するべきである。また、記事の暴走を避けるなんらかの監査体制を大手メディア、出版社は設けるべきであろう。

実効的な名誉回復措置が自主的に示されないならば、現実名誉毀損という不法行為を被った被害者は、泣き寝入りするか、司法という公権力に名誉回復の手段を訴える以外に方法がない。対案も示さず、反対だけを唱えるだけで、それで説得的な言論といえるのであろうか。

名誉回復のより実効的な方法を自ら模索しないで、上記のような「小誌の見解」を謝罪広告と抱き合わせで掲載することが、今後の言論のために何かプラスを残すことがあるのだろうか。

文春の謝罪広告は掲載された。

しかし、人の死という事態を招いた事件に真摯に取り組み、反省し、二度と同じ過ちは繰り返さない、との姿勢を感じ取れないのは、果たして我々だけであろうか。

四　他の裁判例に見る文春の裁判姿勢

今回の事件に見られた週刊文春の報道姿勢と裁判における対応は、決して、本件だけに特有のものではない。

週刊文春の報道記事によって名誉を侵害されたとして提訴された裁判例は多数にのぼっているが、そのいずれにおいても、本件に見られたような特徴を指摘することができる。

本項では、そのうちで、週刊文春の報道姿勢や裁判での弁明の特徴を典型的に示していると思われる事例を取上げ、再発防止のために週刊文春に求めるべき課題を明らかにすることとしたい。

(一)　東京地裁平成一〇年四月二三日判決

この事件は、医師であり、パチンコ台製造メーカーの役員（社長の子）である原告が、会社の売却に反対して、「親父が会社を売るつもりなら、俺が注射して殺してやると息巻いた」という週刊文春の記事によって名誉を侵害されたとして提訴した事案である。

判決文によれば、週刊文春は、こうした主張に対して、「一般に、どんな人でも、感情が高ぶったときには、普段では使わないような強い言葉を用いて激しい表現をすることがあるから、ある人が興奮して普段では使わないような強い表現をしたという記述があっても、それ自体では、対象者の社会的評価を低下させることはない」と反論した。

「一般読者としては、原告が激昂しており、激昂するとこんな言葉も使うという意味としてしか理解しないのであるから、一般人としてであれ、医師としてであれ、原告の社会的評価は低下しない」というのである。

高名な弁護士を通してこのような主張が、法廷でなされたことに驚きを禁じえない。どんな人でも、どんな医師でも、激昂したら、父親を注射して殺してやる等と叫んだりするというのである。

判決は、当然のことながら、こうした主張を一蹴した。

「一般読者は、職業行為で用いる用具である注射という具体的手段を明示して、自分の父親を殺害するなどと発言したという意味として理解し、医師という職業の自覚を欠いた倫理観のない人間であるという印象を受ける」と判決は明示している。

こうした弁明は、遺跡の「捏造」を「考古学的に価値のないという意味で用いた」との本件における弁明と全く同質である。

そのうえで、この事件では、その記事を、会社の売却を推進していた人物、つまり原告に妨害されていると考えている人物の発言のみに基づいて執筆しており、原告本人はもとより、裏付けとなる取材を一切怠っていた。

判決は、

「原告らに対する裏付け取材は、比較的容易に行うことができたと考えられるところ、（記者は）発言をしたとされる原告はもちろん、（情報提供者の）情報源で、その発言を直接聞いたとされる人物に対しても、何ら裏付け取材をしていない。」

と厳しく指摘している。本件の場合と全く同様である。

(二) 東京地裁平成四年一〇月二七日判決

この事件は、Ａ大学の常務理事が、「人よんでＡ大のヒトラー」等のサブタイトル付きで、大学を牛耳っているとか、金や女性問題がある等と、二回にわたって週刊文春に報道され、名誉を侵害されたとして提訴した事案である。

裁判での争点の一つは、これらの記事が、その大半において、Ａ大学関係者の証言、怪文書の記載等を引用する体裁が採られ、「あくまでも怪文書のことだから真偽のほどは定かでない」とか「本人の証言ではないので、いちがいには信じられない」との断り書きがなされていることをどう評価するかということだった。これも賀川事件におけるＦ氏の発言を引用したのと同一の手法である。

判決では、こうした手法を、

「一般読者の立場で素直に本件各記事を通読した場合、引用された証言、怪文書の存在ではなく、それらの内容をなす事実の存在を強く印象づけられるのが一般的であり、したがって、本件各事実のいずれにおいても、証言、怪文書に出てくる事実を直接に摘示したのと同様の効果をもたらす。」と断罪した。

（三）東京地裁平成一〇年三月三一日判決

この事件は、通産省（当時）のキャリア官僚だった原告が、上司の失職に関与したとの週刊文春の記事によって名誉を侵害されたとして、損害賠償と謝罪広告を求めて提訴した事案である。

この事案においても、文春側は、「犯人探しをするつもりは一切ない」とか「（真相を）おいおい検証していく」との記事の表現を根拠に、断定的な報道はしていないと弁明している。つまり、記事は、上司の辞職を仕掛けたという疑念が存在したことを報道しているのであって、そのことが事実だと断定的に報道しているわけではないとの主張である。まさに賀川事件でも繰り返された言い逃れである。

判決は、次のように述べる。

「他人の社会的評価を低下させる事実を摘示者が自ら体験したものとして表現せず、第三者の見方ないし風聞として示したとしても、通常人が当該記事を読んだ場合に、当該事実の存在が印象づけられることによって社会的評価が低下するときは、名誉毀損の不法行為が成立する。」

「当該事実を第三者の見方ないし風聞として示した場合であっても、当該記事を読む者に当該事実の存在が印象づけられることによって、社会的評価が低下するときは、第三者の見方ないし風聞の存在自体ではなく、その内容が真実性の証明対象となる。」

まさに、週刊文春の言い逃れに対する断罪というべき判決である。

（四）大阪地裁平成一三年七月一六日判決

この事件は、B大学の副学長が、北朝鮮のスパイであるとの週刊文春の記事によって、大学及びその副学長が名誉を侵害されたとして文春を相手に提訴した事案である。

判決によると、この裁判で文春は、「スパイという表現は多義的な表現で意見ないし論評という性格を持っているから、真実性ないし相当性の立証対象にはなり得ない。」と主張した。

ここにも、文春の裁判における弁明の驚くべき特徴が現れている。スパイという表現は多義的だという言い逃れは、遺跡の捏造とは考古学的価値がないという意味だとの弁明と全く同質であり、文筆をもってその業とする報道機関・出版社としての道徳的退廃を感じるのは我々だけであろうか。

判決が、

「スパイとは、密かに敵側の軍事的、政治的情報を探って味方に通報し、あるいは、敵方の内部で破壊工作をする間諜ないしは秘密工作員としての意味で用いられていることが明らかであり、一般読者に対してもそのように印象づけることが意図されていると認められる。」

として文春の主張を排斥したのは、当然である。

(五) 東京地裁平成一三年一〇月二二日判決

この事件は、著明な建築家である黒川紀章氏が、その設計にかかる豊田大橋に関する週刊文春の記事によって名誉を侵害されたとして提訴した事案であり、合計一〇〇〇万円の賠償と週刊文春誌上での謝罪広告が命じられた判決である。

この事件で文春側は、「原告黒川がデザインした橋は一〇〇億円の工費がかかったが、恐竜のような体裁であり、この橋に対しては、市民から大きな非難が浴びせられているとの事実を伝えるにすぎず、罵声の対象は橋であって、原告黒川ではない」と主張している。

一般常識とはかけ離れた弁明としか言いようがない。

判決は、週刊文春の記事が、いずれも「一から出直せ!」という総タイトルの下に掲載されていることを指摘したうえで、

「出直せ命令の客体は、橋ではなく人である原告黒川であると理解するのが一般の読者の読み方であるうえ、不出来な橋を非難するというのは、とりもなおさず、そのような不出来な橋の建設にかかわった人々を非難するという趣旨と理解するのが通常である」

との判断を示した。常識的な判断であろう。

五　その後

こうして、賀川光夫別府大学名誉教授の名誉が回復され、そして長い闘いが終わった。遺族、弁護団、支援会ともに、この闘いの終わりに、その記録を残し、マスコミへの警鐘として出版することが、賀川名誉教授の死を無駄にしないためには必要だと、話し合った。

二〇〇九年の初夏。賀川名誉教授が旅だって、既に八年の月日が流れていた。大分にある徳田法律事務所で関係者が集まり、原稿の最後の調整を行い、版元の選定にはいる。

それと前後して、教え子と別府大学の関係者とが、遺族である賀川洋氏と別府で会食。

原稿の作成、編集の担当者が病に倒れるなど、一時出版自体が危ぶまれる中、弁護士を中心としたグループで原稿の作成収集を行い、長期にわたった原稿作成がようやく最終段階をむかえた中、次の賀川名誉教授の命日にあたる二〇一〇年三月九日までになんとか書籍の形にすることで合意した。

あれから八年経っても、別府は以前と変わらず山を背に湯煙をあげている。しかし、この八年ですら、世の中は大きく変化した。

賀川光夫氏が聖嶽洞穴を発掘したころ、予算の面でも学術的な環境面でもまだまだ大分の考古学は黎明期であった。当時、発掘をするときには、考古学者のみならず、地元の愛好家や、考古学の専攻ではない、他分野の歴史学者までもが動員されていた。地元の学校や寺に寝泊まりし、農家の方々のつくるおにぎりをほおばりながら、腰にタオルをぶらさげての発掘だった。

賀川光夫氏がただ一人の専門家であったため、氏の友人の考古学者が日本各地から応援に駆けつけることも間々あった。

ちょうど、僻地医療で、お医者さんが村の住人の外科から内科や産婦人科と、ありとあらゆる治療のみならず、お年寄りの心のケアまで担っているように、賀川氏は全てに目を向けなければならなかった。

先端技術と最新の科学で細分化された現在の学究方法とは、異なるロマンがそこにはあった。時代の変化の中で、今の目からみれば不備なことも多かった。だからこそ聖嶽は、学問的再検証が必要だったのだ。従って、再検証は過去を否定するもではない。過去を受け継ぎ、過去の学究のロマンを未来につなぐための作業である。

僻地医療の医者が三〇年前になした診断を、現在最先端の装備と学術で武装した大学病院が、その水準から批判することはできないはずだ。

考古学論争の中にも、そんな注意しなければならない点があるはずだ。

そして、このように進化した現在から過去のことを、単純に捏造などとして、興味本位の報道をすることはなおさら罪深い。

こうした全てが、時代の進化の中の、人の心の退化なのかもしれない。

三月九日に、毎年、日本の片隅の大分で、巨大マスコミと闘った人々が集い、そんなことをこれからも語り継いでゆくのだろう。

参　考——支援会の記録

（その一）支援の広がりとその経緯

今回の裁判は賀川名誉教授の別府大学での教え子を始め、広範な人々の手で支援会が発足し、遺族と裁判の進行を支えた。円滑な提訴までの事務進行は支援会なしでは考えられないことであり、裁判が始まってからも陳述書の提出、法廷の傍聴、集会の開催など、多様な支援活動を展開した。

また、文春側が考古学論争を持ち込んだ際も、考古学に関するスーパーバイズなど、裁判の勝訴は支援会の活躍に負うところが多かったと考えられる。

この章は、こうした支援会のメンバーが活動を振り返り記したものである。

一　支援する会の発足

賀川先生は、週刊文春の不当な報道に対して抗議の死を決意された時、怒りや無念の気持ちを遺族や親しい人々に伝えるため何通かの遺書をのこされていた。その中に次の一通があった。

学会学友
市民の皆様
昭和三十七年聖嶽洞穴遺跡の調査後四十年前の調査に不正行為があつ《ママ》と批判され、これが報道されました。もとより無責任な発言からと思いますが当時の生存者にとっては耐え難い屈辱の連日であります
四十年前当時の調査者には不誠実な者は一名も存在せず恥ずべき行意《ママ》はありません。このたびの辱めをなくすることは当時の代表者である私の死により関係者の潔癖を証明し無謀な報道に杭《ママ》議する以外にないと考へました。
「ここに白石より潔い」身を神に捧げて疑いを晴らしたい。学会学友の皆様、御厚情をよせられた皆様、私の学問に対する誇りと責任を御賢察下されば幸せに存じます。
平成十三年二月二十五日
賀川光夫

先生と強い絆で結ばれていた人々にとって、宛名の「学会学友と市民」とは他の誰でもなく自分のことであった。そして、そう自覚した多くの人々が先生の怒りや無念さを自らのものとして週刊文春に立

ち向かった結果、賀川先生の名誉を回復する裁判に勝利することができた。遺書の宛名に「卒業生・学生の皆様」とは無い。しかし、先生は教え子の結婚式などで常に「○○君（さん）とともに考古学を学んだ別府大学の賀川光夫と申します」といった言い方をされた。つまり、先生にとっては卒業生も学生も「学友」に含まれる。

二〇〇一年三月九日に先生が亡くなってから、三月一二日に葬儀が行われ、三月一七日には別府大学において「賀川光夫教授を追悼する会」が開催された。

いずれにも多くの関係者が参列したが、先生の突然の死に皆戸惑っていた。研究室に閉じこもるよりは、市民とともに学ぶ姿勢を貫いてきた学者であっただけに、週刊文春の誹謗記事は耐えがたい苦しみであった。

そのことに思い至らず、先生のために何もできなかった自分を責めて多くの人々が涙を流した。そして、辛く悲しい弔いの時を共にするなかで、先生を死に追いやった週刊文春の関係者を始めとする者たちへの怒りを、後の裁判闘争のエネルギーとすることができた。

三月二三日、遺族は週刊文春の木俣編集長をはじめとする関係者に協議を申し入れ、記事の内容や取材方法などについて不当性を指摘して謝罪を求めた。いっぽう、週刊文春の一連の記事が出て以来、別府大学ではその対応に追われていた。そのため、歴史・文化財の研究や学習、遺跡の保存活動などを通じて大学と緊密な関係にあった大分県内の市民団体や卒業生などとのコミュニケーションが取れないまま時間が過ぎた。

地元大分では六月九日になってようやく、先生が会長を務めた大分県考古学会が臨時総会を開き、週刊文春（文芸春秋社）に送り付ける抗議文を採択した。

総会は、その春オープンした国東町の「弥生のムラ安国寺集落遺跡公園」において開催された（当遺跡公園の保存整備事業において先生は指導委員会委員長として尽力されており、これが最後の仕事となった）。

また、別府大学や地元卒業生からの正確な情報がないまま、県外の卒業生たちも風聞や憶測の情報のなかで対応に苦慮していた。

こうした状態を打開する必要から、まず福岡県の卒業生が動き、七月一五日に「別府大学卒業生福岡県連絡会」を発足させた。また、福岡県からの呼びかけを受けて九州各県を中心に卒業生の支援組織が結成され始めた。そして、福岡・熊本県を中心に卒業生の連絡会が組織されていた頃、大分県では遺族が文芸春秋社・週刊文春を大分地裁に提訴する可能性もでてきたため、卒業生の有志が協議を重ねて支援態勢をつくるための協議を始めていた。

九月一五日、週刊文春側に誠意ある対応が見られないことを確認した遺族と弁護団は、名誉毀損で提訴する旨の記者発表を行った。

裁判の弁護については、賀川先生の奥様が生前より先生と親交のあった徳田靖之弁護士にお願いしたところ、快諾していただいた。

さらに、徳田弁護士の呼びかけに応じて二七名の弁護士が協力して下さることになり、東京在住の安田彪弁護士と亀井正照弁護士を加えて三〇名の大弁護団が結成されることになった。

異例の大型弁護団結成をマスコミが報じると、県民の間にもこの裁判への関心が高まり、支援する会の輪も広がって団結の意識も強くなった。こうして、一一月一日には遺族が大分地方裁判所に提訴し、一二月二五日に第一回口頭弁論が開かれることが決まって、いよいよ裁判闘争に向かって動き出した。

一〇月二一日に別府大学において「別府大学卒業生大分県連絡会」を発足するための準備会が開かれたが、すでに遺族が提訴を決意していたため裁判支援が主な活動目標となった。そして、一二月二三日に別府大学で大分県の卒業生連絡会の発会式が開催された。二日後に第一回公判を控えているため、遺族・弁護士・関係団体の代表なども出席し、裁判闘争の意義や進め方、多くの支援者に傍聴してもらうための方法などが話し合われた。

また、他県と異なり別府大学の地元である大分県には賀川先生と親交のあった人々も多く、支援の輪を広げるために卒業生以外の人々も参加できる組織をつくることになった。また、裁判傍聴後に「賀川光夫先生の名誉回復の裁判を支援する会」を発足させる準備会を兼ねたものとなった。

一二月二五日の第一回口頭弁論は、年末であったため参加者数が心配であったが、準備の成果もあって一番広い一号法廷（傍聴席一〇〇席）に入りきれないほどの支援者が参加した。

口頭弁論後は大分県弁護士会館に場所を移して本会の発会式を行った。支援の輪には、歴史と自然を学ぶ会、別府大学、別府大学卒業生各県連絡会、大分県文化財保存協議会、うだつの上がらない会、一品会、史跡と文化財を訪ねる会、大分県考古学会といった多種多様な団体の関係者が加わった。

役員の顔ぶれは、好奇心旺盛で、心が広く誠実で、誰とでも親しくされてきた賀川先生の人柄をよく表している。遺族の希望もあって歴史と自然を学ぶ会の梅木秀徳氏が会長となった。会の組織は次のとおりである。

支援する会の組織図

名　称：賀川光夫先生の名誉回復の裁判を支援する会

役　員

会　長　梅木秀徳（歴史と自然を学ぶ会）

副会長　飯沼賢司（別府大学文学部文化財学科）

神戸　輝夫（歴史と自然を学ぶ会・大分大学教育福祉科学部）

苅谷　俊介（俳優・K.K.土舞台）——神奈川県連絡会

二宮淳一郎（大分県文化財保存協議会）

菊田　徹（大分県考古学会）

福岡県	山野洋一
熊本県	江本　直
佐賀県	西村隆司
大分県	富来雅勝
長崎県	安楽　勉
宮崎県	野間重孝
鹿児島県	酒匂義明
沖縄県	大城　慧
広島県	妹尾周三
愛媛県	重松佳久

幹事

赤瀬　恵（卒業生各県連絡会代表）
富来　雅勝（卒業生連絡会大分県代表）
利光　正文（別府大学文学部史学科）
山本　晴樹（別府大学文学部史学科）
下村　智（別府大学文学部文化財学科）
山村　道生（一品会）
藤田　晴一（うだつの上がらない会）
徳永　昌弘（歴史と自然を学ぶ会）
佐藤　勝（大分県文化財保存協議会）
中村幸史郎（卒業生各県連絡会事務局長）
縣　次男（史跡と文化財を訪ねる会）
坪根　伸也（大分県考古学会）
金田　信子（県内卒業生）
清水　宗昭（県内卒業生）
小倉　正五（県内卒業生）

監　査　段上達雄　（別府大学文学部文化財学科）
　　　　河野光男　（大分の歴史を学ぶ会）
　　　　　　　　　　　　　　　　　　順不同

支援団体の紹介と活動の概要

【歴史と自然を学ぶ会】

結成以来、賀川先生が代表を務められた。「講座や旅を通じて、歴史と自然に親しもう」という趣旨で生まれ、今日まで三〇年近く続き、大分合同新聞社の文化賞も受賞している。きっかけは、中世に別府湾に存在したと伝えられる「瓜生島」の調査会の活動を市民レベルで支援しようということで、新聞社の協力を得て、大分大学や別府大学、各種学界などから講師を得て、講座を開いたことから、一連の講座が終了した後、日本のルーツを知ろうと二回にわたって韓国を訪問した。その中で聴講者の間から「永続的な組織を…」との声が上がり、一九七九年六月に結成、以降、毎月第一土曜日に講座を開催、そのテーマに基づいて国内から世界各地に一年に数回の研修旅行をしている。賀川光夫先生のモットーは「歴史と自然を学ぶのではなく、歴史と自然に学ぼう」で、先生が亡くなられた当時は二六〇人の会員を有し、いわば「学外の教え子」ともいえる存在。先生を敬愛する念は強く、多くの会員が支援活動に参加した。

【別府大学】

賀川先生が設立当初から関わった文学部史学科と文化財学科の教員を中心に、裁判闘争の支援活動に参加する。また、大学は総会・役員会の会場や事務局的機能も含めて物心両面で裁判を支えた。福岡高裁への傍聴や支援集会へは別府大のスクールバスの提供を受け参加した。賀川先生が受けた名誉毀損は別府大学の名誉毀損でもあるという意識から、職員とともに学生も支援の輪に加わった。史学研究会では『賀川光夫先生―アルバム・作品・追悼文集・年譜―』を発刊した。

【大分県文化財保存協議会】

文化財保存全国協議会の大分県支部として一九九二年に発足。県内に存在する文化財が県民共有の財産として保存、公開、活用されることを目的に活発な活動を展開している。中央から研究者を招いて講演会やフォーラムなどを開催して県民の意識を高めるとともに、各地で重要遺跡の保存運動に取り組む。別府大学でともに教鞭をとられた二宮淳一郎名誉教授が初代会長（現会長は神戸輝夫大分大学名誉教授）となり、賀川先生が顧問を務める。

【うだつの上がらない会】

「世の中を明るく面白く」をモットーに、また〝クソ真面目で世渡りが不器用、とくに権力に反発し、かつ金儲けが下手クソなことを必須条件〟との賀川先生の呼びかけに応じて様々な職種の人々が集まってつくった会。先生が会長で会員一四名。二〇〇三年九月二五日から一〇月六日まで、賀

別府大学史学研究会発行
『賀川光夫先生―アルバム・作品・追悼文集・年譜』表紙

川先生が趣味で描いた絵画などを集めた「雲弟先生遺作展」と裁判支援のための会員によるチャリティー作品展をギャラリー〝唐珍木〟で行った。その結果、五六四、四六〇円の益金があり、裁判闘争の資金として寄付された。

【卒業生各県連絡会】

九州各県ごとに自発的に結成された考古学専攻の卒業生を中心とした「卒業生」の支援組織を「連絡会」として、広く中国地方や四国、近畿圏まで呼びかけ大きくまとめて、裁判の支援活動を行った。大分地裁、福岡高裁、そして最高裁まで続いた裁判闘争では、公判の傍聴や支援集会に多く結集することに努力し、卒業生以外の支援者と協力して成功させた。

【史跡と文化財を訪ねる会】

賀川先生が永年にわり講師を続けたＮＨＫ文化センターの受講生有志が、先生の名誉を回復する裁判闘争を支援するために発足した。高齢者や女性を中心に、多くの会員が地裁・高裁の傍聴・集会に熱心に参加した。毎年、飯田高原で賀川光夫先生の奥様を招いて、先生を偲ぶための観月会を行っている。

【大分県考古学会】

一九八五年の発足以来、賀川先生が会長を務められた。二〇〇一年六月九日、安国寺集落遺跡公園で開催された臨時総会において抗議文を採択し、週刊文春へ送った。日本考古学協会の聖嶽洞穴遺跡問題連絡小委員会が行った同遺跡の検証作業に、九州考古学会や別府大学と共に共同で調査を進め、二〇〇三年一〇月に刊行した『聖嶽洞窟遺跡検証報告』の作成に協力した。二〇〇三年には会誌『おおいた考古』一四で「賀川光夫先生・鳥養孝好先生追悼号」を刊行した。現在、別府大学の後藤宗俊教授が会長で、賀川光夫先生は永久名誉会長とされている。

【苅谷俊介】

高校時代に早水台遺跡の発掘調査に参加して賀川先生に会って以来、考古学に興味をもつ。賀川先生を師と仰ぎ、俳優の仕事の傍ら考古学の勉強を続け、全国各地の遺跡発掘調査に参加する。一九九九年に『まほろばの歌がきこえる』、二〇〇三年に『苅谷俊介の考古学対談・土と役者と考古学』を出版。裁判が始まると、神奈川県下の考古学研究者などに呼びかけて、七四名の支援組織を立ち上げる。

二　大分地裁での闘い

(一)　裁判傍聴と支援集会

大分地裁の闘いでは、二〇〇一年一二月二五日の第一回口頭弁論から二〇〇三年五月一五日の判決まで、約一年半の間に七回にわたる傍聴と支援集会を行った。第一回と第六回の口頭弁論以外、準備書面による原告側・被告側と裁判所の簡単なやり取りがあるのみで、傍聴は二〇分程度であっけ無く終わってしまった。

これでは悪天候の中や遠方から参集される支援者に申し訳ないため、弁護団の配慮で裁判所の近くにある大分県弁護士会館において支援集会を行い、担当した弁護士からその日の裁判内容について分かりやすく解説していただいた。また、そのなかで遺族の挨拶や支援する会のあり方などに関する質疑応答も行い、意思の疎通をはかることに努めた。その効果もあったが、毎回多くの支援者が裁判所に足を運ぶのは、なんと言っても賀川先生に対する敬慕の念からであった。

支援集会でマイクを向けても恥ずかしげに多くを語らない高齢者が、暑さ寒さもいとわずに黙々と参加されるのを見て、そのことに気づかされた。公判が平日に行われるため、卒業生を中心に駆けつけたくても仕事の都合などでそれが叶わない人たちも多かった。そうした若い人々に代わって高齢の会員が参加することで傍聴席を満席にしてくれた。そのお陰で、支援する会の怒りを被告側にぶつけるとともに、賀川先生が週刊文春の主張するような人物ではないことを裁判所に対しても訴え続けることができた。また、裁判の過程で、週刊文春側が審理を引き伸ばそうとしていることが窺えた。裁判が長引くことで、有利な証言者などを探す時間を稼ぐとともに、裁判所に結集するわれわれ支援者の闘う意識が低下するのを待つ狙いがあったかも知れない。

しかし、いくら引き伸ばしても悪質な報道を行った被告への支援者の怒りが萎えることはなかった。傍聴席は満席であり続けた。

大分地裁の口頭弁論で最も緊迫したのは、週刊文春が自らの記者を出廷させるという苦肉の策に出た二〇〇三年一月二八日であった。賀川先生を死に追いやる記事を書いた河﨑記者が出廷するということで、いつにもまして多くの支援者が集結した。満席の傍聴者が鋭い視線を記者に浴びせるなか、徳田・河野・鈴木・亀井の各弁護士が次々に尋問し、記者の取材方法がいかに杜撰で、記事の内容が真実からいかに遠いものであるかを明らかにした。弁護士のひと言ひと言は、発言できない傍聴者の思いでもあり、弁護団と傍聴者は一体となって被告側に対峙した。しかし、小さな声や不安げな目の動きをさせて動揺を隠せない記者は、巨大な文芸春秋社・週刊文春のシッポでしかない。五月一五日の地裁判決は予想したとおりわれわれ原告側の勝訴であったが、文春側はすぐに控訴した。勝訴とはいえ判決内容に不十分な部分があったため原告側も控訴し、完全勝訴を目指して福岡高裁で争うこととなった。

(二) 追悼会・偲ぶ会・総会

二〇〇二年三月九日は賀川先生の一回忌である。奥様と支援する会関係者が相談した結果、はじめに賀川家主催の「賀川光夫追悼の会」を行い、引き続き実行委員会主催の「賀川光夫先生を偲ぶ会」を開催することにした。会場は先生のお気に入りだった別府湾ロイヤルホテルに決めた。賀川先生がいなくなった寂しさに浸ることも無いまま裁判闘争の準備を進め、年末のあわただしい中で行われた第一回口頭弁論と本会の発会式を実施してから、久しぶりの会合であった。

先生の遺影を前にすると改めて悪夢のような一年前のことが思い起こされる。賀川先生の恩に報いるには先生の無念さをいつまでも忘れないことである。年一度の偲ぶ会はその意味で大切であるとともに、裁判闘争の支援態勢を強固なものにするためにも必要であった。そして、福岡大学教授（当時）小田富士雄先生、九州大学教授（当時）西谷正先生、東京大学名誉教授尾本惠市先生、国立歴史民俗博物館教授（当時）春成秀爾先生を始めとする二〇〇名を超える出席者を前に、徳田靖之弁護団長は次のような挨拶をされた。

私にとりまして賀川光夫先生は、いわば憧れであり、誇りであり、師匠でもあったと思っています。（略）

はからずも、賀川先生の無念をお晴らしする裁判の代表を引き受けることになってしまいましたけれども、私はこの裁判は賀川先生と共に歩み賀川先生と共に闘うという裁判でなければいけないと思っています。怨念や怒りの感情に流されてこの裁判が賀川先生のお人柄を損なうことがあってはならないと思っています。私は今でも傍らに賀川先生が居られるということを実感しながら、この裁判の準備を進めて参りましたし、これから重ねていくでありましょう。裁判の一部始終は、傍らに賀川先生が居られて、その先生とご相談申し上げながら、進めていく裁判でなければならないと、そんな思いを抱いております。（略）

どうか皆様方には賀川先生のお心とともにこの裁判を闘っていくという気持ちで、私共に力をかして下さいますようお願い申し上げまして、私の追悼の言葉にさせていただきます。

（『会報』一号より、三号から『白石』に改める）

先生が亡くなって一年、関係者の気持ちは、当初の混乱からいくぶん落ち着きを取り戻すいっぽう、新たに増幅してくる悲しみや怒りもあった。参加者の中には少々過激な発言もあり、その言動にいささか不安を感じるところもあった。そのような時だけに、この会での徳田弁護士の挨拶は出席者の心に染み入った。文春への怒りをエネルギーに、先生からいただいた恩を理性として闘い、先生の名誉回復をはかることによって報道被害の無い社会の実現を目指すことを改めて教えられた。

賀川光夫先生を偲んで出席者のスピーチ、ビデオ上映、バイオリン演奏などが行われるなか、賀川先生の作詞家としての意外な一面が紹介された。先生が安国寺遺跡にかかわるなかで作った「弥生のムラ」の詞に秦芙美子さんが曲をつけたもので、佐藤信夫氏が独唱で披露した。

一．晴れた五月の日　早乙女たちが踊ってる　歌って植えた稲の子は
　一寸法師の行列だ
二．青い稲の子よ　水をのんだら背のびして　風が吹いたら寝るがよい

綿雪帽子の子守歌

三．ツクツクボウシが歌ったら　ちっちゃい秋の音楽だ　稲の穂先に花が咲く
みのりの祭はもう近い

四．さあ、韓国（からくに）の鈴つけて　土笛の音ヒューラヒューラ　実りの秋だドンジャラコ
弥生のムラの秋祭　ヒューラヒューラ　ヒーラヒラ　ドーンドコショ

賀川先生らしい清らかで優しい歌の調べが偲ぶ会の会場をつつんだ。

第二回の偲ぶ会は二〇〇三年三月九日に、支援する会の第一回総会と合わせて開催された。総会を別府大学で開催した関係から、偲ぶ会は別府市の大分県物産観光館で行った。

裁判傍聴と支援集会が平日に行われるので、勤務のある会員はほとんど出席できない。そのため総会・偲ぶ会を休日に行うことで、多くの会員に参加していただくことにした。総会では、活動や会計報告、活動方針や予算について審議した後、講師として招いた河野善一郎弁護士より、一月二八日の結審にいたるまでの裁判経過について分かりやすく解説していただいた。偲ぶ会では会場に賀川光夫先生の遺品を展示した。

この会には、聖嶽洞穴第二次調査を含む研究プロジェクト「日本人及び日本文化の起源に関する学際

的研究」の代表者である尾本恵市先生が第一回目につづきはるばる来られ、このような思わぬ結果となったみずからの責任を重く受け止めているという旨のご挨拶をされた。

三　福岡高裁・最高裁での闘い

（一）福岡高裁での傍聴と支援集会

大分地裁での闘いは、別府大学関係者、歴史や文化財などを通じて先生と親交があった市民、それに九州各県の卒業生連絡会から集まる卒業生などによって、傍聴席を埋める一〇〇名を超える会員に参加していただくことができた。

しかし、福岡高裁になると、大分からの参加者が少なくなることが予想されるため、福岡県在住の卒業生を中心にした闘いを展開しなければならなかった（福岡高裁の大法廷も一〇〇席）。ところが、前述したように、福岡県では週刊文春の聖嶽報道に対して、別府大学や大分県内の卒業生が今後どのように対応していくのか正確な情報が伝わらなかったため、二〇〇一年の夏頃から筑紫野市の卒業生を中心にして情報の収集と分析を目的に連絡協議会を立ち上げ活動していた。

始めは「賀川光夫先生の死」を正確に理解するための連絡協議会であったが、裁判が始まると卒業生による支援組織の確立が急務となった。このため皆が集まりやすい熊本県山鹿市に各県連絡会の代表を中心にした卒業生がたびたび集まって協議を行い、別府大学卒業生各県連絡会を結成し、史学科四期生の赤瀬恵氏が会長、史学科六期生の中村幸史郎氏が事務局長となった。連絡会の目的は裁判支援のため傍聴と集会に各県からなるべく多くの支援者に参加してもらうこと、その裁判を中心とした動きを詳しく知らせることなどであった。

二〇〇三年七月一二日、熊本県山鹿市の山鹿サイクリングターミナルにおいて卒業生の各県連絡会の総会が開かれた。熱心な協議の後、遺族の賀川真氏を中心に一審での勝訴の喜びと今までの支援活動をねぎらった。そして、福岡高裁に向けての取り組みとして、各県連絡会の機能強化が話し合われ、各県代表で構成される役員会、福岡県の事務局に近隣県の会員が加わる拡大事務局、それに各県支援組織が連なる組織の整備が行われた。

福岡高裁での口頭弁論を前に、支援する会には不安があった。それは、賀川先生が大分ほど福岡の市民や報道関係者に知られていないことであった。そこで、この裁判の意義を福岡の人々に知ってもらうため、二〇〇三年九月二三日、福岡市博多区のパークホテルにおいて「賀川光夫先生の名誉を回復するための控訴審総決起集会」を開催した。

聖嶽洞窟第二次発掘調査を含む研究プロジェクト「日本人及び日本文化の起源に関する学際的研究」の代表者である尾本惠市先生、賀川光夫先生とともに戦後に九州考古学会を創建し支えてこられた九州考古学会元会長渡辺正気先生や福岡大学教授（当時）小田富士雄先生が来賓として挨拶された。

そして、原告遺族の賀川洋・真兄弟が支援を要請した後、鈴木宗嚴弁護士が大分地裁での一審判決の経過と控訴理由についての説明を行い、完全勝訴に向けての協力を訴えた。九州各県の卒業生を中心に約一三〇名が結集し、報道関係者の取材もあって集会は成功した。こうして、九月二九日に第一回口頭弁論を迎えることとなった。支援活動は大分地裁と同じく裁判所で傍聴した後、弁護士会館で集会を開いた。一・二回の公判は三〇名しか入れない小法廷で行われたため、一〇〇名を超える多くの参加者には支援集会において弁護団が説明を行い、その日のポイントや今後の見通しを伝えた。

三回目の二月二三日は大法廷で判決の言い渡しが行われ、地裁判決をなお不十分とする原告側の主張を認める画期的な判決が言い渡された。その後、福岡市中央市民センターにおいて約二〇〇名が参加して支援集会を開いた。集会では、まず弁護団長の徳田靖之、鈴木宗嚴、亀井正照の各弁護士から判決についての説明が行われた。その後、遺族の賀川洋氏、梅木秀徳会長に続いて渡辺正気先生、西谷正先生や卒業生が次々に勝利判決を喜ぶスピーチを行った。支援集会後、高裁判決の意義をさらに確認するため、卒業生を中心に場所を天神に移して勝訴の集いを行った。

このように、別府大学卒業生連絡会や福岡県内及び近隣県の卒業生を中心とした人々の活動によって、福岡高裁でも大分地裁と同様の傍聴者と支援集会の参加者が結集した。その要因としては、大分に比べ福岡の方が交通の便が良いため卒業生が参加しやすかったこと、九州大学や福岡大学、福岡県や県内市町村などに賀川光夫先生と親交のある人々が多かったこと等が上げられる。

また、大分県からも予想以上に多くの会員が参加してくださった。遺族や弁護団から、長い裁判闘争に勝つためには「楽しむ」くらいの余裕も必要、というアドバイスを折につけいただいた。そこで、大分県からの参加者は福岡高裁の闘いに臨んで、史跡めぐりと合わせた傍聴・支援集会へのバス旅行を計画した。賀川先生と一緒に各地の史跡めぐりをした思い出があり、先生を偲ぶ史跡めぐりでもあった。福岡高裁での口頭弁論は三回開かれ、一回目は鴻臚館遺跡、二回目は金隈遺跡の見学を行った。

しかし、福岡高裁での裁判中に支援する会、とりわけ別府大学の卒業生には悲しいことが起きた。宮崎県卒業生連絡会代表の野間重孝さんが、判決前の一二月一二日に五七歳の若さで急逝されたのである。史学科三期生の野間さんは、職場での重責を果たしながらも、大分地裁・福岡高裁での傍聴や支援集会、また総会・偲ぶ会などに参加し、賀川先生への信頼と週刊文春の不当性を後輩たちに訴えて支援する会の結束に尽力された。野間さんの通夜・葬儀には多くの卒業生が参列し、野間さんの遺志を肝に銘じて完全勝訴まで頑張ることを誓った。

(二) 最高裁での傍聴と大分での勝利報告集会

遺族側勝訴の判決を受けて、文春側は最高裁に上告することを表明した。

そして、四月二七日に上告理由書などを高裁が受け付け、六月一日にその書類が最高裁に届いた。判決まで長くなることが予想されたため、東京での支援活動の方法などについて検討を始めていたところ、七月五日、最高裁から弁護団に、文春の「上告受理申立」を不受理とすることを決定したこと及び一五日の判決期日について連絡があった。このようなあわただしい動きのなかでは、最高裁の判決言い渡しを傍聴するため九州から多くの会員に上京してもらうのは困難であり、結局、本会幹事で大分県卒業生連絡会の清水宗昭氏、熊本県卒業生連絡会の江本直氏、佐賀県卒業生連絡会の森田孝志氏が参加した。九州からは三名であったが、東京在住の会員が十数名かけつけていただいたため、最高裁においても支援する会の役目をはたすことができた。

午前一〇時三〇分に最高裁第一小法廷が開廷し、賀川真氏の出席のもと、文春代理弁護人に対し、才口千春裁判長は上告棄却を厳粛に言い渡した。決して多くの参加者ではなかったが、最高裁の法廷で意義ある勝利判決を聞く喜びを実感した。

いっぽう、最高裁の勝訴判決が予想されたため、支援する会ではこの裁判のスタートとなった大分県弁護士会館において報告集会を開催した。先生の奥様、長男の洋さんが遺影を抱えて出席され、約一〇〇人の参加者が黙祷を捧げた。

また、報告集会終了後、遺族と支援者の一部は賀川先生が眠る別府霊園のお墓にお参りして勝訴の報告を行った。裁判傍聴や偲ぶ会などの際に幾度も訪れた先生のお墓ではあったが、先生のお墓を囲んで皆で記念撮影をするなど、いつになく明るい雰囲気が漂っていた。しかし、裁判に勝ったところで優しい先生が帰るわけではない。この判決を受けて文芸春秋社及び週刊文春が果たして謝罪広告を行うのか、それを確認するまで支援活動は続けなければならなかった。

(三) 偲ぶ会・総会・御礼の会

第二回総会は、第三回偲ぶ会と合わせて、二〇〇四年三月一三日にホテル別府パストラルで開催された。三月四日に週刊文春側が上告していたため、総会では亀井正照弁護士が、高裁勝訴までの内容と経過を詳しく解説し、今後の見通しなどについて説明された。

総会に引き続き行われた「偲ぶ会」では、福岡高裁の勝利判決によって出席者も胸につかえていたものが取れたような気持ちではあったものの、文春側が上告したため最高裁に向けて決意を新たにする会となった。

この会では、賀川先生と懇意であった元福岡大学副学長の金柿宏典先生と、大分大学名誉教授の加藤知弘先生から、お二人とも賀川先生に結婚のお世話をいただいたこと、また群馬県笠懸町（現みどり市）教育委員会にお勤めの若月省吾（一一期生）さんは学生時代に先生から奥さん手作りの弁当を食べさせていただいていたことなど、賀川先生とのユニークな思い出が披露された。

第四回偲ぶ会・第三回総会は、最高裁判所の勝利判決後、支援する会の解散に向けた活動の総括や会計事務などを行い、九月二三日に別府市のビーコンプラザにおいて「賀川家御礼の会」と合わせて開催された。総会では、会発足から裁判勝利までの活動経過とともに、約九〇〇万円の収入があったことなどの会計報告が行われ、残金は裁判支援の出版物の費用に充てることが決議された。また、最高裁での完全勝訴後、文芸春秋社が二〇〇四年八月二六日発刊の週刊文春九月二日号に掲載した謝罪文が配布され、賀川光夫先生の名誉回復を確認することができた。

総会後の「賀川家御礼の会・賀川光夫先生を偲ぶ会」では、遺族より弁護団・来賓を始め出席者へお礼の挨拶があり、皆で賀川先生の遺徳を偲ぶとともに、杯を交わしながら、お互いの労をねぎらった。

この会にはまた、一年間賀川先生のもとで勉強された韓国慶北大学校教授の李白圭先生から次のようなメッセージが寄せられた。

「皆様方の熱烈な闘争で賀川先生の名誉が回復できてとても嬉しく思っています。『週刊文春』の謝罪文を読んで、実に〝鉄槌で人を殴りつけてから、頭をなでる〟がごとき内容で激しい憤りに身をふるわせました。果たして言論がこんな無責任で良いのかと哀しみを抑えきれませんでした。しかし、賢明な日本の裁判所のお陰で、賀川先生の清らかな真心と学者としての良心が回復されたことは非常に幸運だったと思います。しかし、平素お元気だった生前の賀川先生が、もしこんな盲動さえなかったら、今でもわれわれのそばで几帳面かつ正直な学問的態度でご指導なさってくださったろうと考えると、すべてが空しく恨めしいです。でも、賀川先生は天国で、先生を慕って先生の復権のためにご苦労された皆様方を見守りながら、日本に良識と道理をわきまえた方々が多いことに喜んでいらっしゃることでしょう。」

（四）会報の編集と発行

支援する会の会員は全国にいるため、大分・別府市や福岡市で行われる裁判傍聴や支援集会、総会や偲ぶ会にも参加できない人も多い。そうした会員に、活動の経過や会計報告と今後の見通しを伝えるほか、会員からは賀川先生との思い出など興味深い原稿を寄せていただき、会員相互の意思疎通をはかる場とするため会報の『白石』を発行することにした。また、『白石』以外にも、別府大学卒業生連絡会による会報、また各県別の卒業生連絡会による会報も発行され、きめ細かい情報を発信することができた。

『白石』は徳永昌弘氏が編集長となって別府大学の教員など県内の役員が協力し、印刷発送も行った。二〇〇二年七月一五日の〝創刊号〟以来、裁判闘争が勝利に終わって活動と会計などに関する最終報告を行った二〇〇五年一月二五日の〝九号〟まで刊行した。三号から名称を付けることになり、先生が遺書に記された「白石より潔い」の言葉から『白石』とした。その最終号において梅木会長は次のように会員への感謝の気持ちを述べて、裁判闘争を締めくくった。

梅木会長あいさつ

（略）私たちには嬉しいことがありました。支援する会が目指した賀川光夫先生の名誉回復が、最高裁判決で認められたのです。もちろん、勝訴は当初から予想されていたことですが、改めて喜びを噛みしめたいと存じます。それも、ご遺族の強い意志、精力的な弁護団の努力と活動の結果ですし、裁判のたびに法廷を埋め尽くした会員皆様の力も大いにあずかったことと確信しています。

これによって「裁判を支援する」という会の目的は達成されました。したがって、先日の総会で組織の解散が決定されたことは、この会報で報告している通りです。

判決を受けての週刊文春・文芸春秋社の対応については、マスコミも「何を今さら」と批判しているように、釈然としない点がありますし、今後、彼らを先生の墓前で心から謝らせる必要がありますが、その力はご遺族はもとより、会員の皆様の個々の決意と活動にかかるものと期待しています。

会は解散しましたが、まだやらなければならないことは残っています。それは記録化ということです。弁護団によりますと、今回の裁判はいろいろな点で画期的なものだったと言います。

この後、言論・表現の自由という名を隠れ蓑とした学問などに対する不当な報道や干渉を排除するためにも、今回の「教訓」を文章化して後世に残す必要がありましょう。支援する会にはまだ多少の金銭的な余裕もありますので、それを編集・出版の一助としてできるだけ早い機会に刊行して皆様のお手元に届けるとともに、世に広めたいと考えています。皆様のお手伝いをお願いします。

（略）

（『白石』九号より）

賀川光夫先生の名誉回復の裁判を支援する会　会報第８号　発行２００４　８　１０

白石

事務局　別府大学文学部史学科　利光研究室
〒874-8501　別府市北石垣８２
TEL　0977-67-0101
FAX　0977-66-9696

勝訴

最高裁第一小法廷（オロ千春裁判長）は七月十五日、週刊文春の報道に抗議して自殺された賀川光夫先生の名誉毀損問題にかかわる「聖嶽訴訟」の上告審で、遺族側原告の請求を認めた二審・福岡高裁判決を支持し、被告、週刊文春側の上告を棄却しました。

これによってご遺族や私たちの勝訴が確定しました。

福岡高裁の判決は、週刊文春の記事が「賀川氏が捏造に関与したと誤信させる内容で、掲載に相当の理由はない」との判断の上で、「雑誌の最初のページ」と位置を指定して謝罪広告の掲載と、９２０万円の支払いを命じたものです。

これに対し、文春側は「報道の自由に違反する」などとして不当にも上告していたものですが、最高裁は「憲法に違反しない」と指摘しました。

言論・表現の自由は民主主義社会の根源をなすものであり、その大切さは私たちも十分に承知していますが、もともと文春の記事は「報道の自由」に値しないものであり、上告の棄却は早くから予想されていたものでした。

当日の第一小法廷には、原告で賀川先生の次男である真さんが出廷、大分などからかけつけた支援する会の会員ら約十人も傍聴しました。

遺族側弁護団は判決を高く評価し、「判決と謝罪広告によって賀川氏の名誉が回復されることを強く期待するとともに、本件のような報道被害が二度と繰り返されないための礎となればと祈念する」との声明を出しました。

同日午前中のこの判決をうけ、支援する会では午後に大分市の県弁護士会館で報告集会を開きました。先生の奥様・トシコさん、長男・洋さんが遺影をかかえて出席され、約百人の参加者が黙祷を捧げました。

席上、洋さんは「皆さんのおかげで今日を迎えることができましたが、裁判に勝っても父は帰ってきません」と喜びと感謝の中にも無念の思いを述べたうえで「言論の自由は非常に大切なもので守らねばならないが、それを担うマスコミは責任の重大さを実感してほしい」と強調しました。

また遺族側弁護士団の鈴木弁護士は「一審から上告審まで極めて異例の速さで判断され、機を逸することなく名誉回復が図られる」と評価しました。

支援する会は、文芸春秋社に早急に謝罪広告を掲載するよう求めることを決議し、今後の対応については役員会などで検討、賀川先生の追悼会・総会で会のありかたなどを検討することになりました。

７月１５日最高裁前　＜大分合同新聞社提供＞

最高判決として確定

学校法人別府大学理事長　西村　駿一

賀川先生の名誉回復の裁判に最高裁判決が下りました。あの一連の忌まわしい「文春」報道が、先生の名誉を著しく毀損するものであることは、司法の判断をまつまでもなく明白なことでしたが、文芸春秋社は、控訴・上告と、時間の引き延ばしとしか思えない手段をとりました。

この間、ご遺族はもちろん、弁護団はじめ関係の方々の御心労・ご苦労はいかばかりだったかと思います。結果として一審にまして厳しい裁きが、最高裁判決として確定しました。

これによって、賀川先生の名誉が回復されただけでなく、この裁判の持つ歴史的意義が一層重く認知された意義は大きいと思います。

本学は、今後とも賀川先生の遺志をしっかりと継承し、教職員・学生一体となって教育・研究に励んでまいりたいと思います。

－1－

最高裁での勝訴を報告する会報第８号

賀川光夫先生の名誉回復の裁判を支援する会　第１号　発行　2002　7　15

会　報

事務局　別府大学文学部史学科「利光研究室」
〒874-8501　別府市北石垣　82
Tel　0977-67-0101　FAX　0977-66-9696

会報第一号発行にあたって

会長　梅木秀徳

賀川先生が悲憤のなかで亡くなられて早くも一年余り。名誉回復の裁判を提起して半年余。

支援組織も大きくなり、動きも本格化するなかで、肝心の会報の発行が遅れ、申し訳ありません。

この間、公判はすでに三回を重ね、結審への見通しさえ出てきたとまで言われています。

それもご遺族や弁護団の先生方のご努力とともに、支援する会にご参加いただき、毎回、傍聴席を埋め尽くしてくださった皆様の力も大きかったことと考えます。

もちろん、裁判は原告側、私どもに有利に展開しています。それは当然です。しかし、公判のヤマ場はこれから。

ここで手を緩めるわけにはまいりませんし、支援する会もさらに拡大、充実させることが大切だと思います。

そのためにも、会員の皆さんの一人ひとりが核となって、賀川先生を慕い、志を同じくする人たちを組織に迎え入れることが大切であることは言うまでもありません。

この会報は、支援する会に集まった人々への裁判の経過報告や今後の見通しについてのほか、組織の現状をお伝えするものです。

しかし、それだけではなく、今回の裁判が持つ意味を広く世間に理解してもらい、併せて会の充実のための手立てとするものです。

したがって、会報をお一人で読まれるだけでなく、皆さんの周りの人たちへも広げていただきたいと存じます。

また、この会報を会員各位の意思疎通の場にしていただきたいと存じます。

別府大学学長時代の賀川先生

支援者の皆様方へ

原告団代表　賀川　洋

父、故賀川光夫の裁判への御支援、改めてお礼申し上げます。

実は、最近私は二人の方々から、文藝春秋社の社長との連絡をもつので、この件を決着させてはという話を持ち掛けられました。

そのうちの一人は、私が定期的に寄稿しているある業界紙の社長でした。

私は、いま文藝春秋社との接触を持つことは、裁判の状況からしても時期尚早であり、私たち遺族そして支援者の方々の心中を斟酌した場合、考えられることではないと、お断りしておきました。文藝春秋社では、この件は提訴前後から、社内では一切情報が流されず、多くの社員はこの事件の存在すら知らないというのが現実であります。

全ては先方の弁護士に任せられており、会社のみならず、週刊文春の関係者ですら、現状に関心をもっているとはいえないのが事実であります。

従って、この件は、裁判に勝つ以外に、相手へのインパクトを与えることすら困難なのです。

ここに、マスコミそして報道被害にあしむもののやり場のない怒りがあるのです。

まして、どんな事件でも時と共に風化するのがこの世のならいです。

だからこそ、支援の皆様の御協力が、この裁判、そして黄泉に旅立った父の声を世間に残すもっとも貴重な術であり、私ども遺族がすがる拠り所であることを、ここに改めてお伝えしたく、筆を執らせていただきました。

そして、さらに声を大にして、別府大学がこの裁判を共に支え、大学が本当の革新をなすことをもって、父の意志が意味あるものであったという痕跡を刻めればと切望していますことも、遺族の代表として、支援の皆様にお伝えいたします。

裁判は、予期せず早く結審かともいわれておりますが、まだまだ先はわかりません。

むしろ、これからが本番ともいえる攻防があるかもしれません。

皆様に支えられ、ご指導ご鞭撻をいただきながら、さらに粘り強く対応してゆきたく存じます。

今後とも、どうぞよろしくお願い申し上げます。

－1－

支援する会「会報」創刊号

遺族が週刊文春に対して名誉回復の裁判を行うことを決意したとき、「学会学友と市民」は遺書に託された先生の遺志に誠実に応えるため裁判を支援する会をつくって行動し、最高裁で名誉回復の判決を勝ち取った。二〇〇一年一二月二五日の大分地裁における第一回公判から、二〇〇四年七月一五日の最高裁判決にいたるまでの約二年間半の裁判闘争は、この種の裁判としては異例の速さで終結した。しかし、会長をはじめほとんどの役員が未経験のことばかりのため苦労の日々であった。事件の風化をねらう週刊文春に対抗して、長期化する裁判を維持するには先生の苦しみ・怒り・悲しみを理解する人々の変わることの無い支援が必要であった。とはいえ、多忙な仕事や生活に追われて支援活動に参加できないこともあった。そのようなとき、「仕事をしっかりすることも支援だよ」と話される先生の優しい声が聞こえるようであった。裁判に勝って先生の名誉回復を果たした事とともに、裁判支援の活動にかかわるなかで、生前にもまして先生との絆を深めることができた。学問に対する誇りと責任を貫かれた賀川先生の信念は、皆の心に永遠に刻まれることとなった。

先生の生前は、今回の支援する会に参加した学友や市民が集まって、還暦、古希、喜寿、それに各種の受賞や叙勲等々をお祝いしてきた。お元気であればその後も傘寿、米寿、卒寿と節目の祝いが続けられたはずである。しかし、文春の記事によって幸せな集いは奪われ、先生を偲ぶ会を開くことになってしまった。これからの偲ぶ会は、賀川先生の遺志を継承し発展させることを目的に続けられなければならない。先生の恩に報いるには、先生をいつまでも忘れないことである。

（別府大学卒業生連絡会会報最終号より）

（その二）　座談会「賀川光夫先生名誉回復の裁判を終えて」

〈出席者〉

梅木秀徳（会長・歴史と自然を学ぶ会）　飯沼賢司（副会長・別府大学）、苅谷俊介（副会長・俳優）、赤瀬恵（副会長・卒業生各県連絡会会長）、徳永昌弘（幹事・歴史と自然を学ぶ会事務局長）、藤田晴一（幹事・うだつの上がらない会・写真家）、利光正文（幹事・別府大学）、山本晴樹（幹事・別府大学）、下村　智（幹事・別府大学）、清水宗昭（幹事・卒業生）、小倉正五（幹事・卒業生）

（司会・下村）　今回の裁判で地裁・高裁・最高裁と全面的に勝利することができました。その大きな要因の一つには、大分県の弁護士会の半数の方々が総力をあげて裁判に取り組んでいただいたことであります。二つには、一〇回近くに及んだ公判に多くの傍聴者が結集していただいたことがあげられるのでないかと思います。座談会では、この点について賀川先生の学問、人柄を中心に語っていただくことにしました。

〈賀川先生の人となり〉

（飯沼） 賀川先生との出会いからすれば、僕はたぶんこの中では一番新しいと思います。一八年前、大分県立宇佐風土記の丘歴史民俗資料館（現在の県立歴史博物館）に赴任したときに初めて先生に出会ったんです。それまでは賀川先生という人をまったく知りませんでした。なにか不思議な人だと思いましたね。誰に対してもとても愛情を持っていろんな話をしてくれる人だと思ったし、それからすごく好奇心の旺盛な方だなと思いました。何かあるとね、「これが面白いんだ」ということで、僕のところへ写真などを持ってこられて、「これは何だったかねー」といろいろ聞かれるのです。僕は学生時代にも助手時代にもこんな気さくな先生にはあまり出会ったことはなかったですね。そういう意味ではとても新鮮なイメージというか、こんな若僧を上から何か教えてやろうとか、何かしてやろうとかというやり方で接してこられるのではなく、純粋な研究心をもった先生は、僕にはすごく新鮮味のある出会いだったと今思っています。皆さんも賀川先生とはいろんな出会いがあると思います。僕はたまたまそうやって出会って賀川先生とお付き合いすることになったのです。

先生が喜寿を過ぎた頃から、自分はもうそろそろ年だからといって、少しずつ周囲にご自分の仕事の一部を渡していこうと思われていたのでしょう。ある先生が「賀川先生は学会のお偉い権威だ」と言ったようですけれど、そんなことは全然なくて、別に我々は支配されているということもなくて、自分がやってきたものを今度は次の誰かにやってもらいたいということで、後進のことを考えていろいろと手渡してくれるのです。お蔭様で私は「別府市の講座」とか、「ＮＨＫ文化センターの講座」とか、「歴史と自然を学ぶ会の講座」とかですね、いろんなところに関わらせてもらうことになりました。結果として、でもそれがまた、素晴らしい出会いを作ってくれたんです。だから、何も無理して受けた訳じゃなくて、「飯沼君頼むよ」って言われたら、なかなか断れない、そういう感じの人なんです。だから、「これやれ」「あれやれ」と言っている訳じゃなくて、「頼むよ」と一言いわれただけで、まあ、やらんといかんのかなという、そこが賀川先生の人となりかなというふうに思って、最初に出会った時から、あの先生は僕らのことをやっぱりちゃんと信頼してくれていたんですね。すごく人を信用してくれるのです。

（赤瀬）　賀川先生が大学者であることは世間の定評ですけど、物腰が柔らかくて人当たりがよく、決して権威ぶっておられませんでした。学問の第一人者でありながら、驕りがありませんでした。そこが人を引きつける人柄だと思います。

それから謙虚に人間の気持ちに立っておられたと思います。ある話題の中で「アメリカの宇宙開発に従事して科学の最先端を研究している学者が、人工衛星の打ち上げにおいては成功するか失敗するかは紙一重のデリケートさがあるので、ひたすら神に祈るそうだよ。そういうもんだよ、人間の力っていうのは。」と、学問とか理論の限界を認識するような話をされました。

自然とか現実の前には謙虚に臨まなければいけないと、自戒の言葉として受け止めました。文化財の復元においてもその姿勢を感じます。臼杵の石仏の復元には慎重だったと聞きましたし、吉野ヶ里遺跡が一大ブームを巻き起こし、柱穴の遺構から建物と集落を復元して弥生時代のイメージを作り上げました。観光資源として必要なのかもしれないが、先生は「上物は実際ないんだから、あくまで私たちの想像でしかない。安易に現代人の想像で復元してイメージを固定してはいけない。見に来た人それぞれが想像することが大切なことで、一般の人たちのイメージまで作り上げてはいけない。」というように、調査研究においては現状を確認すること以上は破壊につながるという厳格な姿勢だったと思います。

（苅谷）私が賀川先生と再会したのは平成元年の九月で、二〇年ぶりのことです。再会と言ってもそれは私だけのことで、賀川先生にとっては初めて会う妙な役者でしかなかった筈です。

（下村）高校生の時にお会いしているんですよね。

（苅谷）昭和三九年、高校二年だった私は学校をズル休みして早水台遺跡調査の土運びを手伝ったことがあるんです。その時、賀川先生を一方的に知ったんです。ですから私にとっては再会ですが、そんなこと知る由もない賀川先生にとっては初対面というわけです。

（下村）再会なさったのはシンポジウムとか講演会などの会場ですか。

（苅谷）いいえ、一方的にご自宅に押しかけてのことです。ドキドキしながら。ともかく一方的にそんないきさつをお話し、やっと考古学調査に正式参加できるようになったことを御報告しました。無論これも一方的ですがね。身勝手な行動なんですが、実は、この時を自分の考古学の「元服式」にしようと心に決めてお訪ねしたんです。そんなことは言いませんでしたが凡そ三時間、一方的に喋りまくりました。先生は正座したまま終始にこやかにうなずいてくださいましてね、「僕の責任、重大ですね」と笑いながらおっしゃって、それでも喜んでくださいました。思い出すともう…駄目ですね。

（梅木）私と先生との付き合いはかなり古いのですが、学問上の付き合いというわけではありませんでした。先生が昭和四三年頃、入院されて手術を受けられたとき、たまたま私の親戚の人が同室に入っていて、お見舞いに行ったら賀川先生のほうから先に「別府大学の賀川です」と名乗られたのです。こちらの方は面識はなかったのですが、先生のお名前はもちろん早くから知っていました。中学か高校の頃に先生の著書を読んでいた（梅木の「読書目録」によると、一九五〇年に『古い文化と郷土』を読んでいました。）からですし、当時、新聞社に勤めてもいましたからね。その新聞社で結婚する少し前に『大分の石仏』というのを連載したことがあり、その際にも基礎資料として先生の著書をずいぶんと読んでいました。「滅び行くものがもつ美しさ」などの表現には触発されたものです。

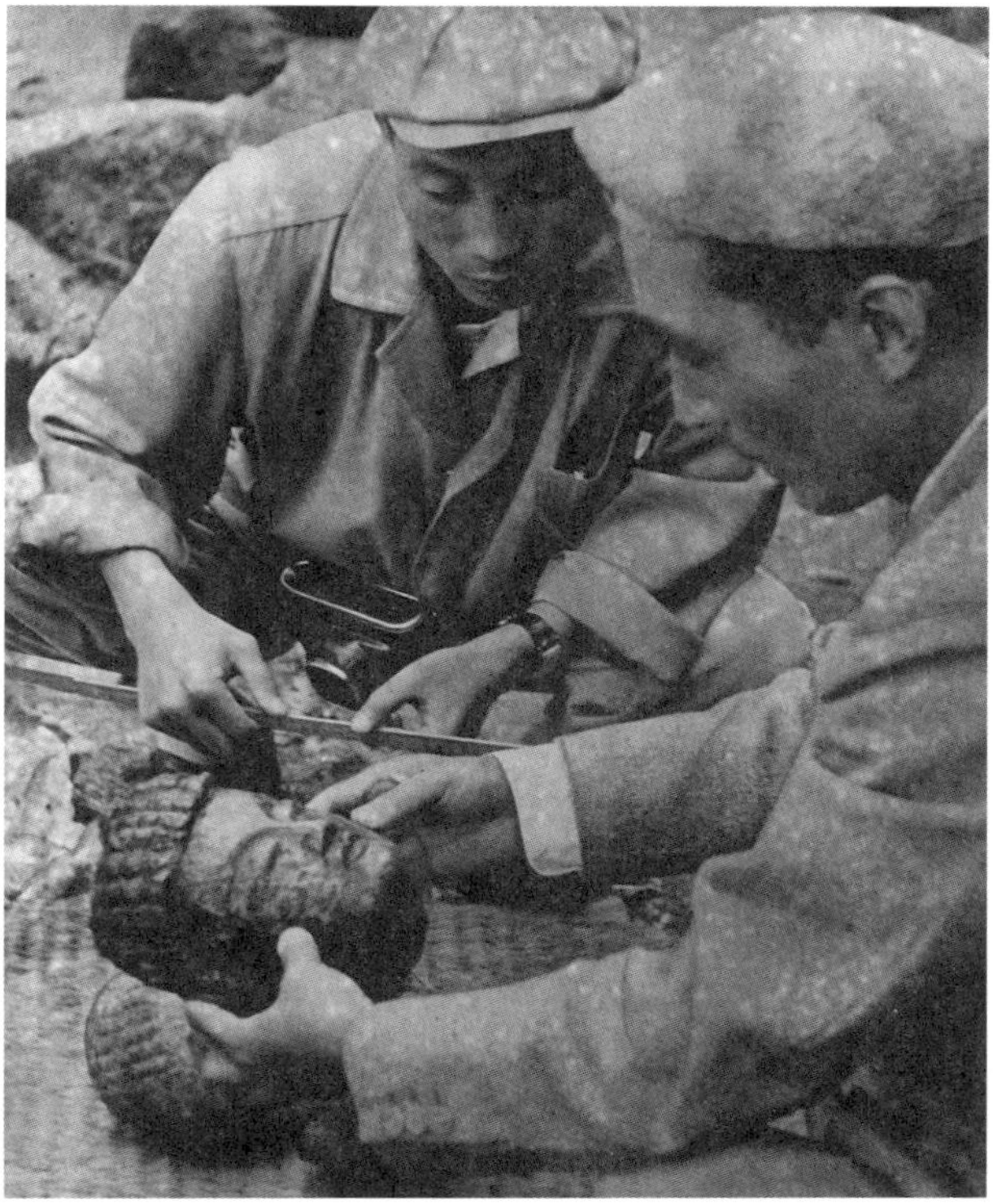

臼杵石仏・ホキ石仏群にて掘り出された九品阿弥陀仏
（女身像）を手にする賀川光夫・別府大学助教授（当時）
（大分合同新聞・昭和34年10月14日　朝刊）

私は学問上のこと、別府大学の内部のことなどは分かりませんが、賀川先生は一般市民に対して分かり易い言葉で教えてくださいました。その影響は大きいと思います。内向け、外向けの顔というわけでなく、考古学や自然を含めて、文化財などの問題に市民を巻きこんでゆかれた先生でした。世俗と捉えられる恐れもありましたが、瓜生島調査会についても賀川先生が支えられた点が大きいでしょう。その際、調査の支援を兼ねて歴史講座を開き、「日本のルーツ」をテーマに賀川先生に同行の講師を依頼し、韓国に「修学旅行」を二回もしました。聴講者から希望が出ての旅行でしたが、それも先生のお話が面白く役に立ったからにほかなりません。多くの人が参加し、その講座と旅行の参加者をもとに「歴史と自然を学ぶ会」が発足したのです。

（下村）それはいつですか。

（徳永）昭和五四年です。

（梅木）以来、賀川先生が亡くなられるまでずっと会の代表をしていただきました。

（小倉）支援する会を発足させるため、ご遺族や卒業生の意向を受けて、金田さん・清水さんと私で、梅木先生に会長になっていただくためのお願いに上がりました。賀川先生の奥様から徳永さんを通じて事前のお願いをしていただいていたこともあって、快諾していただいたと思い、三人とも喜んで奥様にご報告しました。ところが、第一回公判後の弁護士会館において支援する会

「歴史と自然を学ぶ会」で講演する
賀川光夫名誉教授（大分合同新聞提供）

の発会式を行った際、会長が「突然のご指名で…」と挨拶されたので、一瞬びっくりしました。

（梅木）それは、私が「歴史と自然を学ぶ会」の代表になるよう頼まれたと思って承諾したからです。

（徳永）私も、「歴史と自然を学ぶ会」の代表のことと思い込んでいたものですから、そのまま梅木会長に伝えました。

（小倉）報道関係の社長という立場では、迷惑だったのかなと心配しました。あの当時、大学は週刊文春の報道後の対応に終われていて、裁判闘争は期待できないと思いました。私たちとしては梅木会長に頼るしかなかったわけです。先ほどのお話で、先生の奥様が「梅木さんにお願いしてみて下さい」と話された意味が良くわかりました。梅木会長と賀川先生の出会いが先生の入院していた頃ということであれば、私たちの学生時代と重なりますね。

（清水）賀川先生は、小倉さんと私が入学して二年目から入院されました。そのため、先生の講義は数える程しか受けられませんでした。

（赤瀬）史学科が出来て間もない考古学教室の草創期でしたので、入院は先生ご自身気がかりだったと思います。賀川先生の調査として、大分県内や長崎大学医学部との提携で長崎県内など、一期生の坂田邦洋先輩の采配の下にさまざまな遺跡調査に参加させていただきましたけど、病床から指示を受け、病室に逐一報告に行っていたことがなつかしいです。

（飯沼）賀川先生の入院はいつ頃ですか。

〈清水〉　昭和四三年頃ですね。丁度、当時の大学紛争、学生運動と重なった時ですね。先生は文学部長をされていましたので、そういうことの心労もあり、大変だったと思います。膿胸という肺の病気で大手術でした。片一方の肺と肋骨の半分を切除されました。その時は、大量の輸血が必要だったのです。その時、同級生や学内の学生に呼びかけたのです。当時、学内も右翼と左翼の学生が対立していましたが、その呼びかけに両方の多くの学友が献血に応じてくれ、手術は無事成功しました。先生はそのことを深く感謝しておられ、献血してくれた学生にご自分の著書を御礼に贈られたことを思い出します。

〈賀川先生の学問〉

〈飯沼〉　先生のお人柄ですね。小倉さんは当時左翼の学生だったんですね。

〈小倉〉　センターとレフトの中間くらいでした。当時の別府大学史学科に入学した学生の多くは、賀川先生を慕って来たのではないでしょうか。テレビや新聞によく出る賀川先生のことを「大学の宣伝マン」と言って揶揄する人がいましたが、受験戦争の負け組だった私にとって、「宣伝マン」の先生が鐘や太鼓で大学の門に招き入れてくれたお陰で、迷わず大学に入れたと思います。私だけでなく自信を喪失していた多くの学生が賀川先生に勇気をいただいて社会に出て行きました。そうした学生にとっては「賀川再生工場」だったと思います。

世俗を離れて研究室に閉じこもる学者からみれば、先生は「宣伝マン」に見えたと思いますが、地方の小さな私立大学で「教育・研究」の場を創り、発展させるためには必要な手段だったのではないでしょうか。その結果、現場主義の考古学、社会に開かれた教育・研究を大切にする別府大学史学科・文化財学科の学風ができたようにも思えます。今、ほとんどの大学が「地域への貢献」を言っていますが、「宣伝マン」を今風に言えば「地域に貢献する大学」「地域へ開かれた大学」であり、時代が先生に追いついたのだと思います。

（飯沼）賀川先生は学問が広い。発想が広い。先生の学問分野である縄文時代、そこを越えていろんな時代に興味を示します。しかし、先生は最後まで縄文の森の問題とか、縄文にこだわっておられました。特に〝縄文農耕論〟（注1）は格別です。亡くなる少し前に、『史学論叢』に「自分にもそれで書かせておくれ」と云われたように、ご自分の専門を一貫して追究しておられました。それでいて常に周りに興味をもっておられました。例えば、塼仏（注2）について出発点である虚空蔵寺を発掘されましたが、その虚空蔵寺から広がって中国とか韓国とかそういう世界が広がり、外に出て行くのです。

先生はいろんな人に「これを知りたいから教えてくれ」とどんどん聞いていく。それは学問に対して真摯な態度でした。それに対し、個々の分野だけやって危なげなく研究している人、そういう人は世間にいっぱいいます。しかし、この辺りでやっていれば無難だろうという学問では満足できない先生はそれに対して踏み出していかれたのです。したがって、その部分で批判されることもあったと思います。私はそこに随分惹かれ、共感する部分があります。これが学問に対する一番の姿勢であると思うし、学生にとってもそれが一番惹かれた部分であると思うのです。ほかの人にもその好奇心というものが分かり易いし、面白いと思えるのです。そこで、ついついそこに行ってみたいと思うようになるのです。

（利光）賀川先生は、海外の学者との交流を重視されていましたが、特に、中国の学者との交流を大事にされていましたね。昭和五五年二月には、すでに交流のあった当時の中国科学院古脊椎動物古人類研究所副所長の呉汝康教授を招いて、別府大学で特別講義をしていただきました。同じ年の七月、組織的な学術視察団を率いて中国を訪問され、北京原人で有名な周口店遺跡を見学されるなど、中国古人類についての考察を深められました。これはやはり聖嶽洞穴のことが念頭にあっての研究姿勢だったと思われますね。

（山本）これまでの話でも、賀川先生のふところの深さが窺われるのですが、先生はヨーロッパの学者とも幅広い交流がありましたね。とくに一九六六年冬の唐津で行われた日仏合同調査での考古人類学者ミシェル・ブレジオン先生との交友はここでお話しておいた方がよいと思います。以前、福岡大学の小田富士雄先生からお聞きした話ですが、賀川先生は合同調査の休み時間に、積極的にブレジオン先生から旧石器のことを学ばれていたそうです。ブレジオン先生も熱心で、ジャガイモを石器にみたてて、ナイフで切りながら、旧石器の断面の説明をされていたといいます。賀川先生の方は言葉の壁を超えて、一生懸命にメモをとられていたようです。なかなかまねのできないことです。それで、今になって思うのですが、この日仏合同調査が一九六六年で終わり、その後の調査の続行はありませんでした。それで、ブレジオン先生のようなフランスの旧石器の専門家から身近に直接学ぶ機会がなくなってしまったわけです。もし、その後もこのような交流が続いていたら、フランスの旧石器考古学の影響が深まり、それによって日本の旧石器考古学ももっと違った形をとったのではないかという思いを強くしています。

賀川先生の学問の姿勢として、韓国・中国の学者・研究者とも交流があると思います。それが先生の学問の広さをあらわしていると思うのです。例えば、韓国の考古学の重鎮であられた金元龍博士とは早くから交流されており、その縁で、金先生のソウル大学校時代の教え子であった李白圭先生が、賀川先生のもとに一年近く留学されています。金先生は亡くなられましたが、李先生は現在、慶北大学校で考古学の主任教授を務められ、韓国考古学会会長をされています。賀川先生のことを大変に尊敬されております。先生が亡くなられた時も韓国から駆けつけていただき、昨年の三回忌にも見えられました。また、釜山の東亜大学校の先生方とも親しく、とくに考古学の主任教授沈奉謹先生はよく別府大学へ賀川先生を訪ねて来られておりました。今回の捏造報道に対しても大変に憤っておられ、韓国での支援の中心になっていただきました。

（清水）

一昨年、最高裁勝訴の後、御礼にお伺いしましたら、大変喜んでいただきました。
　中国では、古代史の王金林先生、考古学の安志敏先生との交流もあり、大分に来られた時は、献身的なお世話をされておりました。また、河姆渡遺跡（注3）を通じて毛昭晰博士とも交流が深く、毛先生は賀川先生が亡くなられた後、国東町の安国寺遺跡に来られ、追悼の講演をされております。地元の「弥生の村体験学習館」（注4）には河姆渡遺跡のコーナーがあり、賀川先生と毛先生の交流の象徴ともなっております。

（苅谷）　何年前でしたか徳永さんならお判りだと思いますが、「歴史と自然を学ぶ会」の方々が賀川先生と一緒に橿原・桜井方面の視察にいらしたことがあるんです。「苅谷さん奈良よく掘ってるから案内頼むよ」と言われましてね、赤坂天王山古墳から箸墓古墳の方まで同行しました。橿原で一泊する行程でしたので、それならと思い、桜井市教育委員会の橋本輝彦さんを通して石野博信先生にご連絡してみたんです。そしたら「賀川先生がいらしてるんなら是非ご挨拶を」ということで宿まで駆けつけてくださいましてね。確か縄文農耕のことと学史的な談笑だったと思いますが、石野先生があれほどの敬語を使って喋る姿など目にしたことありませんでしたから、賀川先生の偉大さとその業績の凄さをあらためて実感しましたね。徳永さんが「先生明日朝が早いからお部屋に」と言うまで賀川先生も時間を忘れていたようです。

〈一般市民による支援の輪〉

（徳永）とにかく、賀川先生のお話は誰にでも親切で分かりやすかったので、年配の方にも親しまれました。だから、私たち「歴史と自然を学ぶ会」のメンバーについても、第一回の公判の時、傍聴席を埋めなければいけないと思い、皆さんに呼びかけました。高齢会員の方々も、雨が降っても風が吹いても続々と集まってくれました。日頃裁判所に行ったことがない訳ですから不安だったと思いますが、公判の時皆さんの姿を見て私は感動しましたね。「わしが行ったってどうということはないんけど先生のことやけんな」と云って毎回参加していただいた。

（梅木）先生は、大学者でありながら知ったかぶりをしませんでした。質問でわからないところがあっても「それは分かりません。みんなで考えましょう」などと言って決してごまかしませんでした。

（下村）藤田さんも写真家として賀川先生から大きな影響を受けられていますね。

（藤田）確かに先生が亡くなる直前に「藤田さんあなたと付き合いだして三〇年くらいになるかなあ」と言われました。その三〇年になるかなあという言葉のうらに先生はすでに決意されていたんでしょうかね。それを聞いて、その言葉を後で想い出してみて、今でもその言葉がひどく耳に残っています。

確かに私が今日あるのは賀川先生のお陰でして、先生がおられていたからこそ、今日こうやってどうにかメシが食えています。

先生は飯沼先生が言われたとおり、好奇心が旺盛な方でした。先史から近現代史に至るまで実に幅が広かったですね。

（小倉）先生と藤田さんの出会いは宇佐市の石原貝塚の発掘をした一九八〇年頃ではなかったですかね。

（藤田）そうですね。石原貝塚では、清水さん、小倉さんもおられましたね。

私は、遺物の写真の撮り方など知らないもので、どうやって撮るんだろうと思って、まあ自分なりに苦労したんですが。

（飯沼）藤田さんは、先生とどうやって一緒に。

（藤田）それは『大分石仏行脚』という本があります。先生との共著です。最初、私は大分県内の石仏の写真を撮って回っておりました。ある程度写真がまとまった時点で東京の木耳社という出版社に写真を持ち込みました。たまたま叔父が木耳社の社長と親しかったので紹介してもらった訳です。木耳社からはすでに大分県関係では『国東半島の石仏と文化』という本が出ていました。ほかでは『石仏の美』などがあります。石仏関係では名前の通った出版社で神田にありました。専門は書道の本ですが。その際に社長からどなたか文章を書いてくれる人がほしいと言われたんです。とっさに思いついたのが賀川光夫先生のお名前でした。先生には大分の庶民仏教をテーマにした三部作（注5）などがあり、私はその本に刺激されて石仏を撮り始めたくらいですから。今永清二先生と白井昭一さんの三人の共著で、今でも大切にしています。そんな訳でお名前はすでに知っていました。

しかし、どうやってコンタクトを取ったらよいものかと悩みましたが、写真仲間で賀川先生と同じ大学で短大の先生をされていたK先生（故人）から紹介してもらうことになりました。これが先生とのお付き合いの始まりです。まず先生に写真を見て頂いて、その上で何ヶ所かは一緒に歩きました。先生の奥様もご一緒でした。それから間もなく原稿を頂きました。玉稿とはこのことです。その際にK先生が「そんな短期間で書く訳がない。嘘だろう。」とびっくり顔でした。

春、先生に原稿をお願いし、夏に木耳社に持ち込んで秋には本が出来上がりました。昭和四八年（一九七三）でしたから、そう三〇年前です。

（飯沼）『宇佐』（注6）という本がありますね。

（藤田）はい。「古代国家の成立と八幡信仰の背景」という難しいサブタイトルの本です。

（飯沼）イヤー、素晴らしい本です。

（藤田）それも木耳社から出していただきました。以後、先生とあちこち随分と回りました。そうこうしているうちに、別府の観海寺温泉に先生のご親戚の別荘があり、あまり広すぎて管理が行き届かないので誰か住んでくれる人がいないだろうか、ということで、私が一〇年間タダで住ま

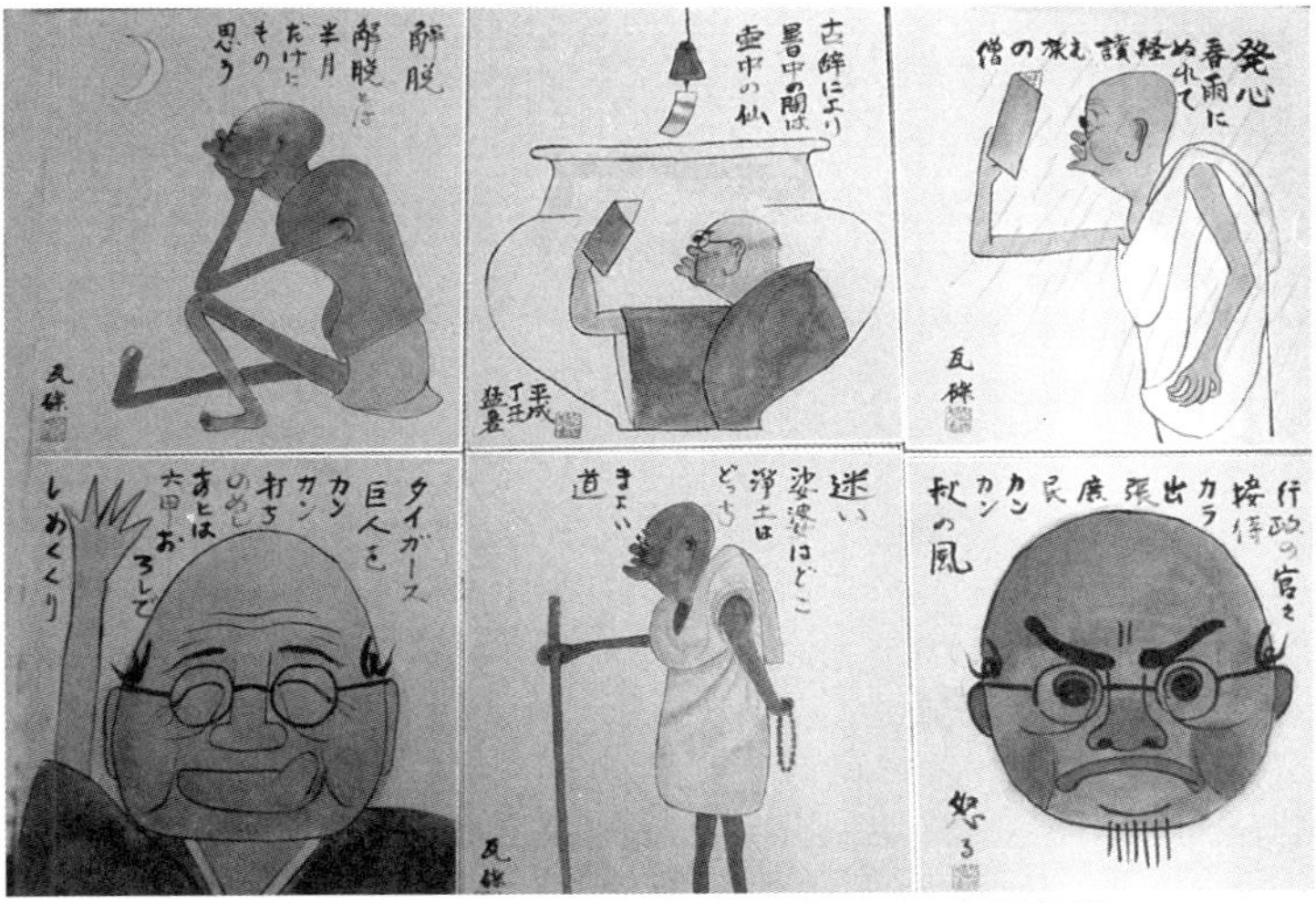

喜寿を記念した個展「賀川光夫彩管徒然展」より　（大分合同新聞 提供）

わさせていただきました。家賃がタダで金が貯まったろうとお思いでしょうが、おっとどっこい、かえって悪かった。何しろ朝晩湯につかり、毎日日の出を拝むという斎戒沐浴の優雅な生活でしたからね。（笑）

先生が描かれた絵日記がありますが、あの中に正月のシーンがありますよ。当時仲良くしていたNHKディレクターのMさんもやはり家族ぐるみでしたね。洋さん（長男）も真さん（次男）も、まだ洋さんが中学生、真さんが小学生かな、Mさんの二人の息子さんも今や三〇代後半、その頃、先生のお義母さんも健在で、親戚中で集まるんです。大賑わいでした。それで「うだつが上がらない会」にしても、先生の好奇心が旺盛だからあのようなメンバーを集めたんだと思います。

（飯沼）そうですね。メンバーをみるとバラバラですからね。

（藤田）しかし、だからこそおもしろいんですよ。絵画、彫刻、竹工芸、建築、ジャーナリスト、舞踊、自然保護、ギャラリー、料理人、フリーライター、それに写真です。会員数は一五名でした。「陶芸で誰かいい人は」とも言われていました。

（梅木）私なんか呼ばれないで、メンバーに入れてくれなかった。（笑）

（飯沼）それはうだつが上がり過ぎていたからですよ。（笑）

（藤田）上がっていた人はダメでしたからね。そういいながら本人は学長までされたんですよ。

（飯沼）そうそう、おかしいですよ。（笑）

（小倉）あれは賀川先生の命名ですか。

（藤田）もちろん先生の命名です。中には、〝うだつ〟はいいが〝あがらない〟は気にくわないという人がいて、「先生、名称を変えるという提案があるけどどうですか」というと先生は「却下」と一言、（笑）

（小倉）「ウダツを上げない会」という案はなかったのですか。

（藤田）そして、上がらないを取って「うだつ会」という案もありましたが、Mさんなんかは、上がらないからいいんだと言ってました。

（梅木）　ともかく、分け隔てなく接していただきました。ある時、僕に相談があるといわれて学長室に呼ばれたことがあります。その時は先生が学長を辞めたいという話でした。

（飯沼）　学長に相談に行ったというのはそのことですか。（笑）そうはいっても先生は、それまで学部長をしたり、管理職そのものです。話は変わりますが、先生が文学部長をされていたのはいつ頃からですか。

（小倉）　最初が三八才の時です。私たちが役所などで駆け出しの頃、すでに管理職だったんです。賀川先生に長く接していましたが、学内の人事や人間関係などのことを聞いた事が無かったですね。若い時から文学部長の重責を担い学内行政に係わってきたためと思いますが、あれだけいろいろな事を話題にされる先生がそれを口にしないことを私は尊敬していました。

（苅谷）　沢山の教え子の方々や私のような民間人が、賀川先生のお人柄・業績・学者としての姿勢なんかを、人と接するごとに常々話題にしていたからじゃないですかね。私のグループ考古見聞会や神奈川県の専門家の集まり（安藤文一代表）で「支援の会神奈川」が立ちあがったのもそれがあったからだと思います。

個人的なことですが、告別式で清水さんが声を詰まらせて弔辞を読まれた時、その悲しさと無念さと怒りがひしひしと伝わり、たまらず声を出して泣いてしまいました。それからですよ、清水さんにご連絡をして神奈川県で支援の会を立ちあげたのは。清水さん、小倉さんから裁判の情報を戴く度に報告会を開き、集まった皆が絶対に勝つと確信していきました。もっとも弁護士の先生方のご尽力があったからこそなのですが、不思議ですよね、顔も知らない者同士が賀川先生で一つに繋がるなんてね。

〈多くの卒業生が支援に参加〉

（赤瀬）一言で言うならば、先生の偉大さと人望の厚さが先生の名誉回復の裁判支援を盛り上げたと考えています。私は考古学の仕事から離れていますので、卒業後相談したり指導を受けることの接触が少なかったですけど、時々お会いする時には必ずきちんと声をかけていただき、近況を確かめられました。とても心がつながっている気持ちでした。そうした、人をいつも大切にされるところが、支援活動に年代を超えてたくさんの卒業生が結集したと思います。それにある祝賀会で、先生が「私にはたくさんの友と大切な卒業生がいます。」と述べられたのが印象に残っています。どんな人でも色分けした見方がなく、気むずかしい態度は一切なく、親しく接せられる寛容さは、あの笑顔として焼き付いています。

（苅谷）私は卒業生じゃないのではっきり言えませんが、赤瀬さんがおっしゃったようなことがどなたにも共通してあったんだと思います。大塚初重・戸沢充則・金関恕・森浩一・近藤義郎・石野博信・西谷正、どの先生方からも同じ答えが返ってきますから。

（小倉）　不思議なのは、先生は成績などに関係なく色々な学生の面倒もよく見ていました。先生の人物評価は単純ではないんです。品行に劣るような者は「でも、あいつは出来る奴だゾー」と評価し、研究や仕事に劣る者は「でも、あいつは抜群に良い奴だゾー」と認めます。ようするに学生が好きだったんだと思います。教育者として優れたところだと思います。

（徳永）　私が、先生がすごいなあと思ったのは、先生に「どこそこに行きます」というと、「ああ、あそこには何々君がいるから連絡しとくよ」と言って紹介して下さいます。それがだいぶん前の卒業生なんです。鹿児島に行ったら何々君、広島なら何々君がいて説明してくれる、ということがすべて頭に入っているんですね。先生が行けない時も卒業生が来て、そこの卒業生の都合が悪いときは、隣の町から説明に来ていただきました。特に福岡は多かったですね。

（小倉）　先生を慕って入学したものの、間もなくして先生の闘病生活が始まり、私は大学紛争の成り行きで自治会役員になってしまい、講義らしい講義を受けたのは、正味一年くらいでした。しかし、病み上がりの身でありながら、先生は私たちの就職のために駆け回って下さいました。大学との団体交渉で文学部長と相対する私のことまで気に掛けていただいたことを知った時は、愕然としました。ある卒業生から聞いた話ですが、家でテレビを見ていたら賀川先生が映ったので「お前たちがご飯を食べられるのはこの先生のお陰ということを忘れるな」と教えたそうです。当時の卒業生は同じような気持ちの人が多いと思います。今は学生も随分変わって、手取り足取りの指導で先生方も大変だそうですが、私たちの頃はもっと賀川先生を煩わせていたと思います。「あいつの家は今大変だから気を遣ってやれ」、「あいつが単位を落としたから、レポートの協力をしてやれ」等々、高校時代の生徒指導でも経験ないことを文学部長がするんですよ。

（山本）ウーン、そこまではチョット。

（小倉）その頃はベビーブームで学生数が多く、学生運動のデモで捕まったといったら警察に引き取りに行ったり、応援団の学生が事件を起こすと説得に行くとか、右から左まで大変だったと思います。

（飯沼）学生同士の情報より先生の方がよく知っているんです。

（小倉）それはもうはるかに、だって親が先生と手紙のやり取りをしているんですから。いろいろ言ったって、ネタは割れているんですよ。ふつう親が手紙を出しても、大学の先生が真剣に読まないでしょう。

（飯沼）読んでも返事は出さないですよ。余程のことがない限り、それはなかなかできない。

（山本）今はもう電話ですからね。

（徳永）先生は、ちょっとしたことでも、挿画入りのハガキを書いておられましたね。

（飯沼）確かに筆まめな方でしたね。

（山本）先生からの絵ハガキを楽しみにしていましたね。

（小倉）発掘調査の現場でも、先生が見えると雰囲気が一変しました。「あっ、良いのが出てますねー。これはねー」と言って先生の講義？が始まります。作業員さんたちがお礼にお茶や好物の饅頭などを勧め始めると、緊急調査の現場が和やかな「賀川先生を囲む会」のようになってしまいます。発掘現場にはいろいろな学者が見えますが、作業員さんの間でも賀川人気は抜群でした。

（赤瀬）先生の調査には遺跡の地元の人、在野の人たちがよく協力的だったように感じます。現地を大切に幅広いつながりをもって調査・研究をされていたんだと思います。先生の幅広さを感じています。

（苅谷）心残りのことがあるんです。以前賀川先生にお電話をいたきまして、フィジィーの環濠集落のスライドをお送りしたことがありました。テレビの撮影で出かけ、単独であちこちうろついた時に撮ったものなんですが。

（下村）フィジィーのどこですか。

（苅谷）タベウニ島のソモソモ村です。大統領の多くがこの島から出るんだそうです。七メートルのコンベックスと野帳は必ず持ち歩いてるんですが、レベルやトランシットはちょっと（笑い）。それで仮の実測だけはしたんですが、それに添えてスライドをお送りしたんです。賀川先生のご研究は考古学と民族・民俗学に幅広く及んでおりますので、フィジィーの環濠集落についてどのようなお考えをおもちなのかお尋ねする機会を逸してしまったんです。それが心残りなんです。

〈メモと絵が語る先生〉

（下村）清水さんはどうですか。

（清水）私は先生が学者として、いつも几帳面だと思っていたことがあります。さすが学者だと思ったのは、どんな発掘現場に案内しても、必ず細かくメモを取られていたことです。僕らは現場に行ってもそのような真似はできませんでした。

（飯沼）あの事件のときも、先生に対し杜撰だとかそういう批判がありましたが、先生はそうではなく、大変几帳面で細かい、繊細な神経を持っています。それは人々に対する優しさにも表れています。当然、書いた時に間違いがありますよ。私だってありますよ。しかも私は残念ながらメモを取らないし、杜撰といえば極まりないといえます。記憶力だけで生きていると言う感じですね。自分が死んだ途端にもうダメですよ。それから見ると賀川先生はすばらしいと思います。

（徳永）そういえば、私達のグループと行った時も、先生は皆さんにどこでも、ここはメモを取るんだよ、と言ってました。ですから、グループの人たちはどこに行ってもメモを取ってますね。そのように感化されたと思います。

（飯沼）　だから、絵本とか、絵葉書を書かれているでしょう。あれは、そういう時にきちっと記録してないと描けないですよ。絶対そうです。それは、絵を描いて、メモをしてないと、あの時何だったということは絶対描けない。取材している訳だから、その背景があって、賀川先生の絵のひとコマひとコマができている訳です。

（梅木）　ミャンマー（ビルマ）にご一緒した時も、熱心にメモを取っておられました。そして、「ここを写真に撮っておいてください」と言われるのです。新聞社からフイルムはたくさんもらっていましたから、毎日三六枚を何本も撮りました。

（苅谷）　ご自宅にお訪ねしたある日、「僕はね〔東洋の三パゲ〕の一人なんだ」とおっしゃって、私は思わず先生の頭を見て吹き出したことがあるんですよ。（笑い）東洋の三パゲって賀川先生と金元龍・安志敏先生のことなんでしょ？

（下村）　そうです。韓国の金元龍先生と中国の安志敏先生です。いずれも著名な考古学者です。

（苅谷）　賀川先生から戴いたおハガキやお手紙には必ずと言っていい程、カラーのユーモラスな絵が描かれていましたが、それを見る度「東洋の三パゲ」を思い出して何かこう温かいものが伝わってきましたね。一時期から添え書きに「壺中の仙」という言葉が多くなったように思います。

（飯沼）　先生の絵はいつ頃から描かれたものですか。古いものもあるのですが、僕らの出会うずっと前からですよね。

（小倉）　病気のシーンとかありますよね。

（藤田）　だけど数はあまりないでしょう。それはミャンマーあたりに行かれた、沢山描かれたのはあの頃ではないですか。

（飯沼）　ある一時期から貰えるようになったんですから。

（藤田）　ただ、そういったら悪いけど、六〇歳の時より、七〇歳位の時の絵がグッと良くなっていますよ。

（飯沼）　ということは、逆にそう古くはないという訳ですね。

（下村）　一つは、金元龍先生との出会いがきっかけになっているのではないかと思います。金元龍先生があのような絵を描かれていましたからね。

（梅木）　私はミャンマーから帰った後に「ビルマの少年」という油絵をいただきました。少年が水瓶を頭に載せて運んでいる絵柄で、周囲の緑地に大小の白と黒の円があるのです。時には三角模様のある絵も見せられて、何だか宇治山哲平さんの絵に影響されたかなあとも思ったことがありますね。

（飯沼）　臼杵石仏の復元図面というのがありますね。つなぎ合わせた図です。あれはいつ頃ですかね。

（藤田）　昭和五六年頃ですか。

（飯沼）　あれを見ていても、あの図が先生のいつも描かれる絵のような、ある意味で、よく見ている図面と違って滑稽顔でした。唇とかこう賀川先生らしい、実測図まで先生の色が出ていると思います。

（清水）　その図面は私も見たことがあります。あれは、石仏の断片を実測され、それを図面でつなぎ合わせたものでした。戦後からずっと臼杵石仏の調査・保存関係の委員をされていたから、先生ならではの愛着でしょうね。

（藤田）　合併で中津市本耶馬渓町となった枌洞穴《へぎ》（注7）の調査の時、出土した頭蓋骨を手に乗せて描いていました。その、しげしげと自分が頭蓋骨見ている絵を描いていました。あれがすごく印象に残っています。その時の様子は支援する会の「会報」第二号（二〇〇二年一二月二五日発行）にのせています。

（赤瀬）　先生の絵日記『雲弟先生行状記』の中の「聖岳人」には、「聖嶽遺跡」の調査で化石人骨を発見したときの喜びを「人類学の小片教授と雲弟は泣いた。そしてこの夜から二日間睡眠薬を飲みつづけたが、二人とも眠れなかった。」と、感動を抑えきれない興奮した様子が書き留められています。いまも新鮮な感動が伝わってきます。「ねつ造」などと疑惑をもちかけられるような後ろめたい策動があるとすれば、あのように喜びをわざわざ絵日記にとどめることはないと思います。絵日記が疑惑の不当さを明白に証明していると思います。

〈酒と羊羹と先生〉

（飯沼）先生はお酒を飲まなかった。昔から飲まなかったんですか。昔は飲んでいたのではないですか。病気してからでしょう。

（藤田）そうです。先生が飲まなくなってから、奥様のほうがいけるようになった。

（徳永）先生も「水割りのうすいのを僕にチョットつくってくれ」という時もありました。それを時間をかけて飲んでいました。酒はてきめん痔にくると言ってました。

（藤田）それでもある人が造るドブロクだけは喜んで飲んでました。これだけはやっぱりうまいと。

（飯沼）僕は、羊羹だけ食べている先生かと思いました。みんな、貢物がみな羊羹だと言ってましたよ。賀川先生のお宅へ行くと、羊羹がたまっているんですよ。それで、「いい羊羹があるから子供に持っていけ」と頂くんですけど、実は、うちでは持って帰ってもそれをよう食わんのです。「先生、羊羹は食べられません」と言えないんで、しょうがないから持って帰ると、「また甘いものを持ってきてしょうがない」なんていわれるんですよ。

（下村）先生が別府で飲んで歩いて帰る途中、ほてる体をしずめるため潮の引いた海岸の砂の上で寝ていたところ、やがて潮が満ちてきはじめ、酔っぱらっていたので動けず、危うく溺れかかったと、それで酒をやめたんだという話をお聞きしたことがあります。

（苅谷）へえー、私は先生がお酒を呑む姿を見たことがないですね。御一緒した時食べたのは、羊羹、甘い物、それから日出《ひじ》のカレイ、「うだつの上がらない会」のメンバーで割烹料理店をやってる「月乃家」さんの城下カレイぐらいです。

（小倉）そういえば、史学科の最初の頃の先生方は皆酒好きでしたね。志垣嘉夫先生（後に九州大学教授）、今永清二先生（後に広島大学教授）、河野房男先生（別府大学教授）など、皆酒豪でしたね。

（山本）一晩で一斗飲んだ話も聞きましたよ。

（小倉）だから、先生は酒飲みが嫌いではなかったですね。ふつう、自分が飲めないと嫌いますけどね。

（梅木）ミャンマーに行ったときも、賀川先生は羊羹を持ち込んでいましたね。その際、私は玉露と茶筅を持参、現地でスープ碗を借りて立てたのですが、それはエビでタイを釣ろうという魂胆があったからです。一行四人で岩男順先生や文化庁の三輪嘉六さん（現・九州国立博物館館長）もご一緒しましたが、酒を飲めるのは私一人。そこで皆さんにウイスキーの持ち込みを一人二本ずつお願いして、計八本を独り占めできたのです。

（飯沼）それを梅木さんが全部飲んだんですね。梅木さんがいかに酒豪かわかります。

（山本）賀川先生で思い出すのは、座談の名手であったことですね。飲んだ席での話ですが、ある時、先生が皆の話をうまく引き出して盛り上がっているところへ、女将さんがきて、カラオケの入らない座談だけの会なんて、私初めてですと言っていました。最近そういう意味で座談ができる人がいなくなったように思います。

（利光）先生は記憶力もよかったですね。発掘に参加した人の名前はもちろん、重要な会話の中身は頭の中にインプットされているようでしたね。観察眼も優れていました。

（藤田）そういえば、別府大学付属博物館の三階にある研究室で怪しげな料理を作ってましたよ。ストーブの上に鍋をのせて、味付けは醤油だけですが、トリなんかしばって長時間煮るんですよ。これが見掛けに似合わず実に旨かったですよ。皆さん食べたことないですか。

（下村）元「いずみ寮」のタタミの研究室のときにあります。トリはしばってはなかったけど、ストーブの上の鍋に塊りで入っていました。その時の味は微妙でしたね。

（飯沼）先生は料理されるんですかね。

（藤田）料理の話はよくされてましたよ。「カレーライスを作るのはうまいんだ」とか、「上達した」とか言ってましたよ。だから誰かだまされて、「日出《ひじ》のカレイを食べさせる」といって、それがカレーライスだったとか。日出と言えば城下カレイ（鰈）に決まってますからね。

（飯沼）私も「日出のカレイを食べさせる」といって、とうとう残念ながら食べないままだった。カレーといえば、先生がインドに行った時、お土産にといって、カレー粉を貰いました。「これは本場のやつだ」といって。

（藤田）お義母さんが「光夫は食い魔だ」とよく言ってましたよ。

（山本）そういえば、お義母さんが亡くなる直前に、予定の飛行機に乗らないで引き返したという話がありますね。

（藤田）そうです。海外に行く予定だったんですが、空港で出国手続きを済ませ飛行機を待っている時に、何か予感がするといって引き返されたんです。それで臨終に間に合ったということでした。

〈賀川遺産の継承と発展〉

（下村）最後に、反省点というか、そういうものを話してもらえたらと思うんですが。

（飯沼）反省点ではないですが、公判の度によくあれだけの人が、裁判所に集まっていただけたなあと思いましたよ。もちろん組織もあるんだけど、組織されている人が動いているんではなくて、何らかの形の賀川先生とのつながりで、例えばＮＨＫ文化センターの講座受講生の方たちがわざわざ電話して、そのネットワークで参加して頂きました。大分地裁のだけでなく福岡高裁でも同様でした。卒業生だけでなく、むしろ非組織というか、賀川先生と個人的につながっていた、そういう人達の支えで闘った裁判だったと思います。それは先生の人柄であり、僕らもそれで突き動かされ、やれてきた部分があります。賀川先生のためだったら、何とか頑張ってやろうというふうに思ってやってきたのです。それが、最後に裁判の勝利につながっていけたし、それが、裁判長の心証とかに間違いなくつながっていったと思うのです。だから、あらためて終わってみて、賀川先生の人となりが、最後は裁判の勝利の大きな原動力になったと思いました。

（赤瀬）卒業生にとっては尊敬し、慕う賀川先生の無念の死に対するショックは測り知れないです。各県において先輩・同輩・後輩の動きが自然発生的に、支援組織として活動が起こりました。九州各県と沖縄県から広島県、愛媛県、島根県あたりまで県組織ができました。個人の支援として関東地方まで広がりました。地裁段階では大分県支部が、高裁段階では福岡県支部が中心になり、佐賀県・大分県・熊本県の近隣の若手が連帯して、動員計画や組織運営の世話をしてくれました。

先生の自死は、学問人生を根本から否定された不当な疑惑に対する、まさに憤死です。しかし支援活動が先生の敵討ちをするような感情だけに走ったらいけないと自制しました。肝心なことは不当なねつ造疑惑を払拭し、確実に名誉回復をはかるための裁判に卒業生の支援体制をできるだけ大きく、きちんと一つに結集することに努力しました。それと、他にこんなにいくつもの支援団体ができたことに感謝し、心強く思いました。その支援者に応えるような働きをすることと、一丸となって支援活動の下支えをすることを心がけてきました。ほんとうに有り難うございました。

（下村）卒業生以外では唯一県外の支援組織をつくっていただいた苅谷さん、いかがでしょうか。

（苅谷）　神奈川の支援する会のメンバーから、会報の最終号に文春の謝罪文のコピーが同封されていて本当によかったという連絡があり、皆喜んでくれているんだと思いましたが、一度も傍聴しなかったことを申し訳なく思っています。私の職業柄スケジュールの重複がすべてだったのですがやはり心残りです。

（小倉）　公判はほぼ全法廷満席でしたね。でも私も含めて全部出席した人はいないでしょう。

（梅木）　私は、最高裁以外は全部出席しました。

（飯沼）　私もそうですね。

（梅木）　傍聴席の抽選が外れてもどなたか替わってくれていました。

（清水）　少し心残りだったのは、最初の提訴の時、出席者が少なくてご遺族に申し訳ないと思いました。

（飯沼）　あれは、まだ、支援組織ができてなくて、どうしようもなかったですね。そういう意味では、大学も最初から先頭に立って闘えず少し腰の引けた部分があったと思います。大学として裁判にどう関わるかということで、いろんな考えを持つ人がおり、そこらは僕達が十分まとめることができなかった部分ですね。大学として最初に踏み込んでするべきところがあったんでしょうが…。

（小倉）　別府大学の名誉が傷つけられた事件でもあったはずですよね。一審勝訴の判決が報じられてから、今まで文春の記事のことなど全く口にしていなかった知人から「小倉さん良かったですね」と声をかけられました。その時、この人たちはそれまで文春の記事をどのように受けとめていたのかと考え、恐い気がしたことを覚えています。今後、賀川先生に寄せられたこの支援者の思いを、先生が愛してやまなかった別府大学のためにどのように継承・発展させるかが大切と思います。

（徳永）そうですね。文化財保護や考古学研究の人材を育てるために、「賀川記念賞」を設けることなどを検討してはどうでしょうか。

（飯沼）故人を称えることもあるが、賀川先生の生き方を我々がどう伝えていくか、本当はそれが大事だと思うのですよ。大学はそういう組織だと思います。次の段階で何をやるか。賀川先生のことを顕彰していくことはあるが、ずっと次の世代の人は知らないんですね。今、直接知っている人は、称えられますけど、名前は知っているだろうけど、今の学生は先生の本当の姿を知りません。それは僕らが語ってあげたり、受け継いだ賀川イズムとでもいう生き方ですか。それを伝えていかなければいけないと思います。

（小倉）先生のお祝いの度に、はるか昔に卒業した教え子や歴史や文化財に関心をもつ市民など大勢の人が集まることを他の大学の先生が不思議がっていました。渡辺正気先生や小田富士雄先生から、裁判が終わっても支援する会は卒業生を中心にした会に形をかえてでも続けたほうが良い

という ご意見もいただいています。この裁判を賀川先生の遺産として別府大学のプラスにして欲しいと思います。

（赤瀬）賀川先生が博物館長をされていた建物を「賀川記念館」にするなど、今後検討していただきたいですね。

（苅谷）賀川先生は私の考古学への道の扉を開いてくださった方です。先生はどうお感じになっていたか判りませんが自分はそう思ってます。それともう一つ、先生は人の道を説いてくれた師と思っています。だから、先生のような姿勢ですべての人に接し、先生のような態度で先生のことを伝えていきたいと思っています。難しいんですが人間的に一歩でも近付きたいと思っていれば何とかなるかなと。

（梅木）賀川先生の名誉を傷つけて死に追いやった週刊文春との裁判闘争は、徳田先生を始めとする弁護団のお陰もあって勝訴することができました。しかし、文春が犯した過ちを風化させることなく、賀川先生が研究者として、教育者として、そして人間としてすばらしい方であったことを忘れないよう語り継ぐことが大切です。別府大学や卒業生の皆さんが賀川先生を顕彰するような行事などを計画するときには、支援する会に結集した組織や個人にも声をかけていただきたいと思います。

註

（注1）賀川光夫が提唱した、縄文時代後・晩期の初期農耕論。氏が行った大分県大石遺跡の発掘調査などをもとに、九州内陸部では弥生時代に先行して畑作農業があった、とした。

（注2）大分県宇佐市に存在する白鳳時代の虚空蔵寺跡の塔跡から出土する。マッチ箱大の大きさで、椅子に座って説法をする仏像がなどの文様が施されている。同じ図柄のものが、奈良県南法華寺跡から出土している。法隆寺や川原寺出土と同じ文様の軒瓦も出土することから、畿内と宇佐の密接な交流を示している。

（注3）中国浙江省にある新石器時代遺跡。約七〇〇〇年前の最下層からイネが出土し、当時としては東アジア最古の稲作農耕遺跡として注目された。

（注4）国指定史跡の安国寺集落遺跡を保存整備し、活用をはかるために国東町が建設した施設。従来の資料館ではなく、利用者の体験学習を目的にしている。史跡の保存整備も含め、賀川先生は指導委員長としてその実現に尽力された。

（注5）賀川光夫・今永清二・白井昭一『大分の石佛』昭和四〇年
賀川光夫・今永清二・白井昭一『大分の木彫』昭和四一年
賀川光夫・今永清二・白井昭一『大分の庶民仏教』昭和四一年

（注6）賀川光夫・藤田晴一『宇佐―古代国家の成立と八幡信仰の背景―』木耳社　昭和五一年

（注7）大分県中津市本耶馬渓町にある縄文時代早期から後期にかけての遺跡。別府大学文学部と長崎大学医学部が一九七四年から八二年にかけて合同調査を実施した。各時代の土器や石器などとともに遺存状態の良好な人骨六五体が層位的に検出されている。考古学・形質人類学の研究上の重要遺跡。

喜寿を祝う個展「賀川光夫彩管徒然展」開催にあたり
取材をうける賀川光夫名誉教授（大分合同新聞 提供）

終わりに―遺族原告による総括

聖嶽遺跡問題に関する文春との裁判は文春の謝罪広告掲載をもって終了した。しかし、残された問題は多い。最後にこの問題について、編集に関わった遺族原告として若干の私見を述べたいと思う。

（一）報道被害の再発防止に向けて

第Ⅲ部第三章においても具体例を挙げて若干述べたが、報道被害の問題は日常的に発生している。この報道被害は深刻な人権侵害に結びつくと同時に、場合によっては公権力による報道機関への介入に道を開く可能性すらはらんでいる。

これを防ぐためにはまず第一には、当たり前のことではあるが、報道機関が常に入念な取材を行うことが必要である。名誉毀損事件において、その多くは取材の不備が原因であった。今回の聖嶽遺跡問題に関して、賀川が被った甚大な人権侵害も結局は取材の不備という点に集約できる。最低限の裏付け取材や、反対の意見を持っている人物への取材などを通して慎重に事を運んでいたならば、こういう事態になっていなかったはずである。もちろん中には報道機関がはじめから悪意をもって報道する場合もある。しかし、その場合はまた別の次元の問題、報道機関の資質の問題として考えなくてはならない。

第二に報道機関が自主的に名誉毀損の場合における名誉回復措置を提案実施することである。多くの名誉毀損事件は先述のように取材の不備から生じる。更には、取材が不備であるが故に、報道した内容について自らは真実性を疑わない場合も出てくる。先日発生した週刊新潮の「朝日新聞襲撃事件」に関する大誤報事件もまさしくこうした原因によりおこったことであると考えられる。場合によっては、本件も同様かもしれない。他方、そうした報道によって、名誉毀損という不法行為を被ったとき、被害者はその回復のためにはどうしても司法に訴え出る以外に全く方法がない。すると、謝罪広告の掲載についても最終的には司法権力による命令という形にならざるを得ない結果となってしまう。よって、報道機関が自主的に報道内容を検証し、場合によっては名誉回復をはかる手段まで講じる独立した第三者機関が必要なのではないだろうか。放送業界は既に放送倫理・番組向上機構（ＢＰＯ）を発足させ、一定の成果を得ている。放送業界は出版社と違い、数が限られているという有利な事情はあるが、少なくとも新聞各社と大手出版社などによって、まずなんらかの機関を設立して頂きたい。

名誉毀損の問題は非常に様々な問題をはらんでいる。贈収賄をはじめとする権力犯罪や、会社ぐるみで行う経済犯罪などは、確かに裏付け取材が取りにくく、結果巨悪が見逃がされてしまう可能性がある。しかし、その場合でも報道機関は取りうる最大限の取材をするべきである。そうしないと、逆に政治的思惑による「陥れ」に報道機関が手を貸すことになってしまいかねないからである。また、名誉毀損と訴えてくるものの中には逆にその訴え自体が言いがかりであるケースも考えられる。第三者機関があったならば、こうした微妙なケースにおいても多くの問題を司法の手にゆだねる前に解決することが可能になるのではないだろうか。これは、逆に報道機関の言論、表現の自由を守って行くことにつながると考えられる。

また、報道機関は自らの誤りを認める勇気が必要である。本件において、第Ⅲ部で詳しく述べた通り、週刊文春は謝罪広告掲載誌に「最高裁『謝罪広告掲載命令』先進国では日本だけ」なる記事を掲載している。その中に「小誌は、改めるべきは改め、謝罪すべきは謝罪する。」と記載している。しかし、今回本件において現実にはそれはされなかった。もしかすると、これも先に述べたように文春自身の取材不備の故に逆に真実性を自ら疑えなかったことによるものかもしれない。だからこそ本来は司法の手にゆだねる事態になる前に遺族との話し合いに誠実に臨んでほしかった。今回の件で話し合いを打ち切ったのは文春の方である。文春が、話し合いを打ち切らず、提出された記事の問題点に誠実に応えていれば、私たちは訴訟をおこすことはなかったし、文春も嫌々ながら謝罪広告を強いられることもなかったであろう。しかし残念ながら、文春は私たちの主張に耳を傾けることなく、自らの正当性だけを、その後の誌面にて訴えることに終始した。更には見てきたように法廷での応訴態度は批判されてしかるべき結果に至ってしまったのである。

名誉毀損の訴訟は勝者であった原告にも多大な負担を強いるものであった。訴訟準備や法廷への出席のために私たちが居住する東京から大分や福岡へ出張した回数も相当な数に上る。また、高齢な原告である母賀川トシコの精神的負担の過酷さは想像に難くない。このように訴訟は私たち原告に多大な、肉体的、精神的、経済的負担を強いるものである。よって、報道機関はこういう事件が繰り返されないように取材に邁進するとともに、誤りは誤りと率直に認める体制を作ってもらいたいと切に思う。そして、それを保障する第三者機関をできるだけ早くに設立して頂きたいと考える。

(二) 聖嶽遺跡について

遺族原告としては個別具体的な学術的内容に口を挟むつもりは全くないし、能力もない。また、そうすべきでもないと考えている。ただただ聖嶽洞穴遺跡問題が真の解決をすることを祈るだけである。しかし、今回の悲劇を振り返ると、学問的な内容とは別に、考古学界全体のあり方の問題がこの聖嶽に関して顕著に出てきたような感想を禁じ得ない。最後に、具体的な学問領域に立ち入らない範囲で聖嶽遺跡に関しての若干の見解を述べさせて頂きたい。

聖嶽遺跡は確かに様々な問題をはらんだ遺跡である。ただ、今回の騒動の背景には東北のあまりに衝撃的な捏造事件があった反動で、考古学界全体が著しく動揺していたことがあった考えられる。その中で、一部の考古学者の中には、全ての疑問のある遺跡にはなんらかの不正行為があったと解釈する方が潔い、といった心理が働いていたのではないだろうか。確かに疑問が生ずるのは不正行為があったからだと考えると辻褄が合うことがあるかもしれない。しかし、機械的に成立したものではない遺跡という現場では、疑問の残る遺物は多数発見されるだろう。神奈川県のある遺跡では旧石器が出土した同じ層位から北海道産の黒曜石を使用した縄文時代の石鏃が見つかっているという。その他、理論的には考えにくい遺物が出土しているケースは多々存在しているとも聞く。確かに東北の捏造事件は考古学における発掘の信頼性を大きく低下させる事件ではあった。しかし、だからといって、理論的に説明のつかない事例を全て発掘者の不正行為に帰結させることは考古学の自殺行為に等しい。遺跡は過去の人類が残したものである。それを機械的に、全てにおいて説明がつかなくてはならないという考えは極論である。特異な事例は正確に記録することによって後世の事例蓄積による判断を待つしかないと考えられる。

聖嶽遺跡の場合、問題として指摘されている、石器の構成の問題は確かに難しい問題であるようだ。ただ、聖嶽の石器として確定している石器数は一四点（二次調査も含めると一六点）にすぎない。統計学の一般論として、構成を問題にするならば、出土サンプルがあまりに少なすぎると言うべきであろう。また、聖嶽遺跡がある地域の発掘密度はあまりに少ない。なぜならば、この地域は開発行為がほとんどなく、行政発掘の対象になっていないからである。また、洞穴遺跡という特殊な環境が解釈を難しくさせているとも言える。問題の解決のためには、不自然と思われることを不正行為に短絡的に結びつけるのではなく、先述のように同一地域の他の洞穴遺跡等、事例蓄積を図って行く以外ないと考える。また、第一次調査出土の頭骨「聖嶽人」のＤＮＡも含めた再鑑定を早急に実施すべきであろう。そうした努力が進行するまでは、聖嶽遺跡については、評価をペンディングにする以外はないと考える。

日本考古学協会による検証報告書にある通り、捏造等不正行為を指摘するためには明確な証拠と証明が必要である。なぜならば、不正行為がなかったと証明する為には、能力的に不可能であること（アリバイ等）を言う以外には論理的に不可能である。つまり、「ある」ことが不可能ではない場合、「ない」ことを明確に証明することはできない。よって、不正行為に対する立証責任は不正行為を指摘する側にあることは論をまたない。週刊文春は賀川自殺後の三月二二日号の記事で、「学者であられるなら、学問的業績への疑惑の指摘には、学術的に反論していただきたかった」との主張を載せている。この主張は先述の「ない」ということを証明することは不可能という基本的な論理を知らないもしくは知ろうともしない態度であると思わざるを得ない。学術的にできることは賀川が生前行ったように冷静に遺跡を再検討し、疑問点を抽出した後に、解決できることは解決した上で、解決できないことは問題点を明記した上で後世の評価に託することのみである。

今回の聖嶽に関する批判の中には学史を無視した考え方も散見された。石器に対するネーミングの問題などはその一つである。石器をはじめとする遺物にネーミングを行うことは今は常識であり、行わないことなど考えられないが、ネーミングという手法が広くとられ始めたのは一九七〇年代になって、行政発掘が主流になってきた頃からである。行政が発掘する以上、遺物管理を徹底しなくてはならないという考え方からネーミングが広まって行ったという。もちろんそれ以前の発掘による遺物管理にもネーミングがされている場合も多いが、されていないからといって杜撰な管理と言える訳ではなかった。聖嶽の場合、遺物に対しては、出土状況の写真や、詳細な実測図が残され、出土の位置・層位なども記載された図面などが残されている。日本考古学協会による検証報告書でも指摘されているが、一九六〇年初頭という当時のレベルとしては、発掘手法や残された記録・資料などは他の遺跡と比べて劣っているものではないと信ずる。その点でも文春が三月二二日号の記事で述べている「たとえ、調査技術が未熟だった四十年前でも西北九州を担当した明治大学は、疑問の余地のない発掘調査データを残している。」という批判は当時の事情や学史を無視したものと考える。

この聖嶽問題では、石器の管理の問題が「捏造疑惑」とは別の問題として浮上したことが話を混乱させる一因となった。確かに石器管理の問題は深刻な問題であり、弁明の余地のない問題である。しかし、一九六〇年代当時の遺物管理はヒト、モノ、カネ、いずれも今の状況と比べると事情は大きく異なっていることも、批判する側は念頭に置いて頂きたい。個別別府大学の場合、地方の弱小私立大学ということもあって、一九六〇年当時、遺物管理は個人の研究室にまかされている状態であった。その間に、展示による貸し出しや、学生の実習等により遺物の移動が激しかった。また、その当時は別府大学だけでなく、多くの大学で、学生が実測などの自習の為に遺物を自由に利用できた時代であったと聞く。その後、学生運動時代を中に挟み、博物館等の建設など、遺物の管理場所が何度も変転している。決して誉められた話ではないが、この時期に遺物管理が十分に行き届かなかった事例は全国的に見ても珍しいことではなかったのではないだろうか。別府大学に一定のレベルを維持した遺物管理に必要な施設ができたのは一九八〇年代になってからである。それ以降の管理問題については、批判されている通りだと考える。

最後に確認したいことであるが、私たちは、聖嶽洞穴遺跡問題の真の解決を願っている。その結果、聖嶽が全く評価できない無意味な遺跡であったとしても、それはそれで問題はないと考えている。しかし性急な結論を求めるものではない。また、先述の「評価をペンディングにする」とか「後世の判断を待つ」というのは決して事実を曖昧にしたり、問題を先送りしたりすることを意味していない。それは、現在わかること、わからないことを明確にした上で、わからないことを安易に結論づけたり、無理矢理解釈したりすることではなく、一歩一歩前進して行くべきである、という意味である。その為には積極的な相互批判、相互討論が何よりも大切であり、それこそが学問を前に動かして行く道であると信じる。そして、そのとき必要なことは、批判する場合でも学史やその時代の状況などをきちんとわきまえた上で批判をすることが必要だということである。今回の悲劇は、マスコミが性急に結論を求めようとして、関連する考古学諸文献を精査することなく「わからないことを安易に結論づけたり、無理矢理解釈した」ことと、学史的な到達点を無視した批判によって引き起こされたことだと考える。

原告団として、今後の考古学界と、マスメディアの発展を祈っている。

〈編者〉
「聖嶽」名誉毀損訴訟弁護団
（代表　徳田靖之・連絡先：弁護士法人 徳田法律事務所）

2010年3月9日　発行　《検印省略》

「聖嶽《ひじりだき》」事件《じけん》―報道被害《ほうどうひがい》と考古学論争《こうこがくろんそう》―

編　者　©「聖嶽」名誉毀損訴訟弁護団（ひじりだきめいよきそんそしょうべんごだん）
発行者　宮田哲男
発　行　株式会社 雄山閣
東京都千代田区富士見2－6－9
TEL 03－3262－3231 / FAX 03－3262－6938
印　刷　サンカラー
製　本　協栄製本

Printed in Japan 2010
ISBN978-4-639-02127-8 C0036